KB143556

식탁 위의 중국사

식탁 위의 중국사

한상 가득 펼쳐진 오천 년 미식의 역사

장징 지음 ― 장은주 옮김

현대
지성

✤ 목차 ✤

일러두기

독자의 편의를 위해 근대 이전 인명과 지명, 음식명은 모두 한자음으로 처리했고,
근대 이후의 인명은 외래어 표기법에 따라 표기했습니다.

변화하는 중화요리

'중화요리'는 없다

중화요리에는 '5천 년의 역사'라는 말이 수식어처럼 붙는다. 그런데 TV 요리 프로그램이나 잡지, 요리책에서 이 말을 들을 때마다 '과연 고대 중국인도 지금과 똑같은 요리를 먹었을까?'라는 의문이 들었다.

중국 고전에도 고대 중국인이 칠리새우나 탕수육, 고추잡채를 먹었다는 이야기는 나오지 않는다. 『좌전左傳』이나 『사기史記』에 만두와 면이 식탁에 올랐다는 기록은 찾아볼 수 없다. 송대宋代 이후에야 현대에 먹는 음식이 조금씩 등장하기 시작한다. 하지만 지금과 같은 중화요리가 보급되어 일반 서민들도 즐길 수 있게 된 것은 훨씬 나중 일이다.

물론 중국 식문화 역사는 길다. 문화는 항상 역동적으로 변화하며 요리도 예외가 아니다. 많은 민족이 공생하며 서로 다른 문화가 격렬하게 교차하고 충돌했던 중국에서는 그 변화가 더욱 크다. 중국 대륙에서는 왕조 교체가 빈번했는데 전혀 다른 민족이 각 시대를 지배했다. 정치 주체가 바뀔 때마다 변방과 한족 사이에는 문화의 확산과 흡수가 반복되었다. 그 와중에 사람들의 생활양식도 변하기 마련인지라 음식 역시 계속 달라졌다.

그렇다면 도대체 중화요리란 무엇인가? 중국인은 보통 사천四川(쓰촨)요리, 광동廣東(광둥)요리, 산동山東(산둥)요리라고 말하지, '중화요리'라는 말은 잘 쓰지 않는다. 서양 요리나 일본 요리와 비교하여 중국채中國菜라는 말을 사용할 때도 거주 지역에 따라 떠올리는 요리가 전혀 다르다. 전문가가 아니라면 각 지역의 주민은 향토 요리밖에 모른다.

현재 중화요리는 대략 상중하로 구분된다. '상'은 이른바 고급 요리로 상어지느러미 찜, 제비집, 통돼지구이, 북경오리, 전복 채소찜 등이다. '중'은 일품요리 주문이 가능한 식당에서 먹을 수 있는 요리다. 대표적으로 칠리새우, 피망 쇠고기 볶음, 해파리냉채, 피단(오리 알을 석회, 소금, 진흙 등에 넣어 삭힌 것) 등이 있다. '하'는 시내 곳곳에 있는 대중 식당의 메뉴로 부추 간 볶음,

마파두부 같은 요리와 면 요리, 만두, 슈마이, 완탕, 춘권 등의 점심點心(딤섬)을 들 수 있다.

역사가 짧은 현대 요리

이런 요리들은 얼마나 오래 되었을까. 면, 춘권 등은 정의에 따른 이슈가 있으니 나중에 상세히 다루기로 하고, 먼저 조리법에 관해 말하자면 어떤 요리도 사백 년을 넘지 않는다.

상어지느러미를 예로 들면, 명말청초明末淸初에 간행된 『정자통正字通』에 "맛이 진하고 풍미가 깊다"라는 기록이 있지만, 자세한 조리법은 청의 주이존朱彝尊이 지은 『식헌홍비食憲鴻秘』에서야 등장한다. 그 후로는 건륭 30년(1765년)에 나온 『본초강목습유本草綱目拾遺』나 원매袁枚의 『수원식단隨園食單』에 종종 거론되는데, 그 기록 중에는 잘못된 상어지느러미 조리법을 비웃는 부분도 있다.

당시 상어지느러미가 널리 알려진 음식은 아니었음을 엿볼 수 있는 대목이다. 사실 원元의 요리책에 제비집과 해삼은 나오지만, 상어지느러미는 전혀 찾아볼 수 없다. 남방에서는 좀 더 시대를 거슬러 올라가지만 전국으로 퍼진 것은 청 이후로 봐도 거의 무방하다.

북경오리의 기원에 관해서도 여러 설이 있지만, 그 원형은 명나라 때 남경에서 북경으로 전해졌다는 설이 가장 유력하다. 실제로 현재와 같은 북경오리의 역사는 겨우 백 년 남짓에 불과하다.

사천요리는 대표적인 중화요리 중 하나다. 흔히 사천요리라고 하면 매운맛을 먼저 떠올리지만, 사실 매운맛을 내는 고추는 17세기 명 말기에나 중국에 전해졌다. 고추가 식용으로 재배된 것은 더 이후인 18세기 초로 추정된다. 따라서 매운맛이 특징인 사천요리 또한 길게 잡아도 사백 년을 넘지 않는다. 그 이전의 사천요리는 고추가 아니라 산초를 사용했다. 채소를 절여서 만드는 사천 지역의 반찬요리 착채(자차이)榨菜도 촉蜀, 즉 지금의 사천을 근거지로 했던 유비와 제갈량은 물론 사천 출신의 미식가 소동파도 전혀 언급한 적이 없다. 마파두부는 근대 이후에 진陳이라는 할머니가 처음 만들었다고 전해진다. 그렇게 보면, 마파두부의 역사도 고작 백 년 정도다.

피단에 관한 기록도 지금으로부터 삼백여 년 전인 명 말기에 대희戴羲가 쓴 『양여월령養餘月令』에 처음 등장하므로 그리 오래되지 않았다.

중국식 햄인 화퇴火腿는 국물을 낼 때 꼭 넣어야 하는 재료로 감칠맛을 내는 숨은 공신이다. 하지만 화퇴의 시작도 송대까지 내려와야 한다. 당대唐代 인물인 양귀비는 분명 화퇴 국물을 맛본 적이 없을 것이다.

역사가 꽤 오래된 식자재도 원래는 중국산이 아닌 게 많다. 참기름은 중화요리에서 빠지지 않는 식자재다. 원료인 참깨는 한漢의 장건張騫이 서역에서 가져왔다고 전해진다. 최근 들어 운남雲南, 귀주貴州 부근에 참깨가 있었다는 연구가 나왔지만, 한대漢代의 동서교통을 생각하면 중국의 남방보다는 오히려 서역에서 가지고 왔을 가능성이 크다. 장건 등의 사절단이 중국에 들여온 오이, 마늘, 고수, 완두 또한 어느 것 하나 중화요리에서 빼놓을 수 없는 양념과 식자재가 되었다. 또 전채요리 장식으로 쓰이는 인삼도 송대나 원대에 서역에서 가지고 왔으며 시금치는 기원전 7세기 중반 무렵 네팔에서 들여왔다. 칠리소스 원재료인 토마토의 식용 역사는 더욱 짧다.

잡종의 식문화

역사 속에서 중화요리는 격심한 변화를 겪었다. 즐겨 먹던 요리가 갑자기 자취를 감추는가 하면 전에 없던 새로운 요리가 등장했다. 오래된 문헌 속에 이름만 남아 재료와 조리법이 전해지지 않는 요리도 적지 않다.

요리만이 아니다. 주식主食의 변화도 크다. 불과 십수 년 전까지만 해도 중국 북방 일부 지역에서는 옥수수 분말이 주식이었다. 옥수수의 전래에 관해서는 다양한 설이 있지만, 재배 역사가 사백 년 안팎이라는 점에는 이견이 없다. 처음에는 주로 관상용 식물로 재배되었는데, 자연재해를 계기로 명 중기부터는 식량으로 주목받았다. 연이은 흉작으로 농업이 큰 타격을 받자 기후 변화에 강하고 토질이 나빠도 재배할 수 있는 옥수수가 선택된 것이다.

옥수수는 관리하기 쉽고 생산성이 높아 명 말기에는 남북 여러 지역에서 주요 작물로 등극했다. 또 청대에는 동북 지역까지 퍼져 마침내 작물 생산량에서 세 번째를 차지했다. 근대 중국 북방 일부 지역에서 옥수수가 주식이 된 것은 그 때문이다. 1960년대 이후가 되자 상황이 또 한 번 격변했다. 경제 개방의 영향으로 옥수수가 주식이던 지역이 대부분 밀을 재배하게 되면서 옥수수는 주식에서 사료로 전락했다.

밀의 역사는 옥수수에 비해 훨씬 길다. 특히 분식^{粉食} 가공 기술이 확립된 후로 북방지역에서는 주식이 되었고, 그 지위를 오랫동안 지켰다. 하지만 최근 급속한 경제성장으로 밀의 왕좌도 흔들리기 시작했다. 현재 북방 도심에서는 주식이 밀에서 쌀로 대체되면서 해마다 쌀 소비량이 증가하고 있다.

중국 식문화는 역사 속에서 몇 번이나 큰 변혁기를 맞았다. 식자재에서 조리법에 이르기까지, 음식과 식습관이 급격히 달라졌다. 변화의 원인은 시대별로 다르다. 크게는 생산력 향상, 서역과의 교류, 이민족의 지배 혹은 새로운 조미료의 탄생 등으로 나눌 수 있다.

민족 문화의 기수로 여겨지는 먹거리 분야였지만, 과격한 국수주의자조차 외래 음식을 거부하지는 않았다. 죽어도 외래 음식은 먹지 않겠다고 전통 요리만 고집하는 사람은 없었던 것이다. 맛없는 음식은 도태되고 맛있는 음식만 남았다. 식자재도 조미료도 조리법도 태생이 어떻든 맛있게 먹을 수만 있다면 끊임없이 받아들였다.

이런 의미에서 중화요리는 많은 이민족의 요리 문화가 융합된 이른바 잡종의 식문화다. 현재 지구상 어디를 가더라도 중화요리점을 볼 수 있다. 세계 곳곳에서 누가 먹더라도 이질감을 느끼지 않는 이유 역시 그 잡종성 때문이다.

내가 알던 중화요리는 어디에도 없었다

1994년 8월, 연구 조사차 9년 반 만에 몇 명의 일행과 함께 상해에 갔다. 취재뿐 아니라 이곳저곳을 다니며 고향의 맛을 소개하는 길잡이 역할로 조금이나마 도움을 주리라 내심 생각했다. 그런데 비행기에서 내리자마자, 나는 마치 우라시마 타로

(거북을 살려준 대가로 용궁에 가서 즐겁게 지내다가 돌아와 보니 300년이 흘러 친척과 지인은 모두 죽고 모르는 사람뿐이었다는 일본 민담 속 주인공)가 된 듯한 기분이 들었다. 공항 로비에서는 기묘한 모터쇼가 열리고, 공항 출구는 호텔 호객꾼들로 북적였다. 택시 안에서 "선생님"이라고 불렸을 때는 충격도 충격이었지만, 서로 "동지"라고 부르던 시대가 떠올라 감개무량했다.

더 놀랐던 것은 다음날 식사 때였다. 식당에 들어가 현지인 행세를 하려고 메뉴를 펼쳐 보고는 아연실색했다. 도통 메뉴를 읽을 수가 없었다. '동강염국계東江鹽焗鷄', '서녕전연계西檸煎軟鷄', '채담사진보菜膽四珍煲', '백작기위하白灼基圍蝦' 등 어떤 요리인지 당최 감이 잡히지 않아 머릿속이 하얘졌다. 상해에 가기 직전 미국 차이나타운에서 실수로 베트남 음식점에 들어가 한자로 된 메뉴를 읽지 못했던 적은 있지만, 설마 내가 나고 자란 고향에서 같은 일을 당하리라고는 꿈에도 생각지 못했다. 내가 알던 중화요리는 어디에도 없었다.

나는 특이한 음식이라면 먹는 것뿐 아니라 만드는 것도 좋아한다. 일본에 오기 전에는 매일 밤 직접 요리를 했다. 자라찜, 개구리 볶음, 댓잎 떡 등 아내가 못하는 요리는 지금도 내가 만든다. 그래서 요리라면 꽤 자신이 있다. 중화요리 이름은 눈 감고도 서른 가지 정도는 바로 말할 수 있었고, 적어도 모르는 요리는 거의 없다고 자부했다.

외국에서는 칠리새우, 피망 쇠고기 볶음, 탕수육, 부추 간 볶음을 중국의 대표 요리라고 생각하는데, 중국에서도 '중국채中國菜'라고 하면서 사람들이 일반적으로 떠올리는 요리가 있다. 난백새우 볶음, 쇠고기 우스타소스 볶음, 드렁허리 볶음, 피망 돼지고기 볶음, 생선 볶음 같은 요리는 기본 중의 기본이다.

가정에서 먹는 중화요리는 대략 네 종류다. '냉분冷盆', '열초熱炒', '대채大菜', '탕湯'이다. 냉분은 전채로 해파리냉채, 삶은영계 토막, 오리 오븐구이, 오향 생선튀김 등이다. 열초는 볶음 요리다. 새우 볶음, 쇠고기나 돼지고기 볶음, 생선 볶음이 대표적인데 재료를 손질하는 방법과 볶는 방법에 따라 다시 십수 종류로 나눌 수 있다.

대채는 통째로 조리한 요리다. 삶은통닭, 삶은오리, 4~5센티미터 정도의 생선 간장찜, 갈비 간장찜 등이다. 마지막은 탕으로, 닭고기 육수나 돼지고기 육수에 생선 완자, 고기 완자, 배추, 시금치, 당면 등을 넣은 것이 대표적이다. 볶음 요리 사이에 다양한 딤섬류가 낄 때도 있다. 설 등 명절이나 중요한 손님을 대접할 때는 네 종류를 모두 갖춘 정찬이 나오지만, 평소에는 볶음 요리나 대채 중 하나라도 식탁에 오르면 아이들은 뛸 듯이 기뻐한다.

식당에 가면 음식의 종류는 가정 요리보다 많지만 요리의 기본 패턴과 조리법은 크게 다르지 않다. 상어지느러미나 제비집, 곰발바닥은 사회주의 시절 부모님에게 전설로만 들었을 뿐 실제로 맛본 적은 없다. 해삼과 죽순, 표고버섯 볶음이 최고의 진미였고, 그 이상의 고급 요리는 먹기는커녕 본 적도 없었다. 중국을 떠나오기 전까지는 한 번도 상어지느러미를 먹어 본 적이 없었다. 가정에서 맛볼 수 없는 고급 요리는 서민 동네 식당에서도 찾아보기 힘들었다. 식당 요리라고 해도 일반 가정에서 명절에 먹던 요리와 별반 다르지 않았다. 다른 점이라면 좀 더 풍미가 뛰어난 정도랄까.

그런 것들이 대략 1950년대 이전에 태어난 중국인이 떠올리는 중화요리다. 광동도 예외가 아니다. 문화대혁명 이전에 출간된 광동요리 책을 보면 광동요리도 뱀이나 고양이 등 요리에 사용하는 식자재를 제외하고는 다른 지역과 크게 다르지 않다.

언제부터 이런 요리 문화가 생겨났을까? 역대 요리서 중에는 『조정집調鼎集』에 나오는 요리가 요즘 중화요리에 가장 가깝다. 냉분(전채), 열초(볶음), 딤섬(과자류) 등의 용어도 근대 이후와 일치한다. 다만 『조정집』은 기록 연대가 명확하지 않고 건륭연간(1736~1796년)에서 청말까지의 메뉴를 망라한다는 점이 다르다. 건륭연간에 편찬된 원매의 『수원식단』은 『조정집』만큼 상세하지 않지만, 조리법이 근대에 지극히 가깝다는 점에서 비슷하다.

명대는 요리서가 별로 많지 않다. 『거가필용사류전집居家必用

事類全集』만 놓고 보면 원대와 근대 중화요리에는 확실한 차이가 있다. 이 책에서 소개하는 요리 중 현재 먹을 수 있는 것은 별로 없고 근대 요리의 주요 조리법인 볶음도 한 곳밖에 나오지 않는다. 그렇다면 근대 중화요리는 명대明代 이후에 성립했다고 볼 수 있다. 하지만 그 후로 변화가 없었던 것은 아니다. 특히 간장이 대량 생산되면서 조미료의 주역이 된장에서 간장으로 대체된 것은 주목할 만한 변화다.

대륙을 장악한 홍콩 요리

1978년에 경제개방 정책이 시행되었지만, 1990년대에 들어서야 홍콩 요리가 대규모로 대륙에 상륙했다. 그때부터 중국인의 식생활은 현저히 달라졌다.

식당 메뉴에는 새로운 요리가 속속 등장했다. 예전과 같은 재료와 조미료를 사용했더라도 옛날과는 다른 맛과 모양이 유행했다. 이를테면 '백운저수白雲猪手'의 '저수'는 족발이다. 원래는 간장이 들어갔지만, 이 새로운 요리에는 소금, 설탕, 식초가 들어간다. 10여 년 전까지만 해도 광동 이외의 지역에는 이런 요리명 자체가 없었다.

더 흥미로운 것은 조리법의 변화다. 예전의 요리는 '초炒(볶음)’, ‘폭爆(삶거나 졸이는 등 가공을 거쳐 물기를 없앤 후 기름을 넉넉히 두르고 볶거나 단시간에 볶음)’, ‘작炸(튀김)’, ‘전煎(졸임)’, ‘증蒸(찜)’ 등이 주였다.

하지만 지금은 볶음 요리가 급격히 줄어든 대신, 불과 얼마 전까지는 본 적도 없는 한자로 표기된 새로운 조리법이 등장했다. ‘보煲(깊은 솥 보)’, ‘과㶶(샤브샤브 요리)’, ‘작灼(불사를 작)’, ‘박炆(불이 성할 박)’, ‘포焗(통째로 구울 포)’ 등 대부분 신조어다.

조리법뿐 아니라 식자재나 조미료에도 광동 방언이 빈번히 등장한다. ‘두정豆挺’은 숙주, ‘감순甘筍’은 인삼, ‘소채紹菜’는 배추, ‘대자帶子’는 신선한 조개이며 ‘서냉西冷’은 소 등심이다. 조미료 중 ‘생추生抽’가 묽은 간장, ‘노추老抽’가 진한 간장임은 어찌어찌 알았지만, ‘고월분古月粉’이 후추임을 알기까지는 꽤 고생했다. 이래서야 나 같은 사람이 메뉴를 읽을 수나 있겠는가.

같은 광동요리라도 전통요리와 새롭게 등장한 요리가 있다. 새로운 요리란 사회주의 중국 성립 이후 대륙과 동떨어진 문화를 유지했던 홍콩에서 만들어진 요리였다. 홍콩은 유럽 문화와 왕성한 교류가 있었고, 화교의 비즈니스 네트워크로 동남아시아와도 다양한 인적, 물적 교류가 있었다. 그 와중에 홍콩 요리는 끊임없이 새로운 요소를 받아들였다. 특히 서양 소스류와 동남아시아 피시소스 등의 사용이 눈에 띈다.

홍콩은 요리 명명법도 대륙과 달라 요리에 길운吉運을 비는 다양한 이름을 붙였다. '연화선경蓮花仙境(두부 제품을 주재료로 하는 사찰요리)', '사계여의四季如意(네 종류의 버섯 볶음)'라는 이름만으로 는 어떤 요리인지 확실히 알 수 없다. '여자왕손난호興子旺孫暖鍋 (자손 번영을 기원하는 냄비 요리라는 의미)'에 이르면 거의 농담으로 들릴 정도다. 경제개방에 따라, 이 같은 홍콩 요리는 새로운 광 동요리로 눈 깜짝할 새 대륙 각지를 석권했다.

정찬뿐 아니라 지금까지 경시되던 조식도 홍콩 요리에 동화 하기 시작했다. 과거 조식 메뉴는 대부분 면, 만두, 소병燒餠(구운 빵), 두유, 유조油條(튀긴 빵) 및 다양한 '고糕(찹쌀이나 멥쌀로 만든 각종 딤섬)'로 정해져 있었다.

하지만 지금은 홍콩에서 직수입한 '얌차飮茶'가 유행을 휩쓸 고 있다. 먹는 법도 홍콩과 똑같다. 가게에 들어가면 종업원이 와서 먼저 차 종류를 묻는다. 차가 나오면 다양한 딤섬과 작은 접시 요리, 안주를 실은 카트를 가져와 손님에게 자유로이 고 르게 한다. 경제개방 이전에는 광동 지방에서도 거의 볼 수 없 었던 식습관이다. 그러나 홍콩 기업의 진출과 제품 유입으로 중국의 아침 식탁은 눈 깜짝할 새 홍콩의 얌차에 점령당했다.

그 영향으로 대륙의 언어 생활에도 변화가 일어났다. 1994년 상해에 갔을 당시의 일이다. 어느 날 호텔에서 가까운 식당에 들어가 조식을 뜻하는 "조점早点"이라는 말을 사용해 식사를 주 문했더니 종업원이 순간 당혹스러운 표정을 지었다. 잠시 틈을 두고 "조다^{早茶} 말씀인가요?"라고 되물었다.

이런 조식이 대체 어디까지 침투했는지 알고 싶어 저소득층이 많은 동네를 찾아갔다. 세상에, 그곳에도 얌차와 똑같은 조식이 있었다. 물론 모든 서민이 이용하는 것은 아니었다. 하지만 서민 동네에서도 장사가 되는 걸 보니 홍콩 문화권의 조식 습관이 상해에 상당히 넓고 깊게 침투한 게 틀림없었다. 같은 현상은 상해뿐 아니라 다른 도시에서도 볼 수 있다.

이런 변화는 이미 수년 전에 일어났으며, 불과 이삼 년 새 중국인의 식습관을 크게 바꾸었다. 특히 미디어가 발달한 대도시에서는 텔레비전이나 신문, 잡지, 서적 등의 영향으로 많은 사람의 생활 속에 광동요리가 침투해 있었다. 서점에는 광동요리 조리법을 소개하는 책도 많다. 홍콩에서 먼저 출간된 『광동 소요리^{廣東小料理}』라는 책은 1991년 대륙에서 출간된 후 6번이나 증쇄하여 발행 부수가 13만 5,800부에 이른다.

상해에서 식당을 운영하는 친구 말로는 광동요리에 이어 지금은 조주^{潮州}요리가 유행이라고 한다. 광동성에 있는 조주 지역 요리는 기본적으로 광동요리와 뿌리가 같다고 봐도 좋다. 최근에는 사천요리도 인기가 많지만, 어떤 요리든 홍콩과 대만이 유행의 발상지임을 잊어서는 안 된다. 홍콩과 대만의 엘리트 비즈니스맨들은 호기롭고 사치스러운 씀씀이로 대륙에서 음식의 유행을 견인하고 있다.

중국이 사랑한 패스트푸드

1990년대 이후 서구와 일본에서 들어온 패스트푸드도 중국의 식문화 및 중국인의 미각을 크게 바꿨다. 맥도날드 1호점은 예상을 뒤엎고 매출이 계속 상승하여 짧은 기간에 서민의 입맛을 사로잡았다. 사업은 날로 번창해 주요 대도시 곳곳에 체인점이 열렸다. 어느 체인점이든 손님이 넘쳐나 세계에서 가장 매출이 높은 체인점도 중국에 있다고 한다. 맥도날드에 대한 젊은 세대의 편애는 놀라울 정도다.

KFC의 출점은 상징적인 일이다. 닭은 원래 중국인이 가장 좋아하는 음식 중 하나로, 옛날부터 고급 음식이라는 이미지가 강했다. 닭 국물은 보양식으로 많은 이들의 사랑을 받았고 마오쩌둥도 오랫동안 이 미식을 편애했다. 대규모 양계장이 생기면서 사정은 조금 달라졌지만, 중국인의 닭 사랑은 여전했다.

KFC가 상해 제일 번화가에 첫 체인점을 냈을 때 지역 외식업체들은 큰 자극을 받고 라이벌 의식을 갖게 되었다. 그들은 KFC와 정면으로 맞서 치킨을 전문으로 하는 토종 패스트푸드점을 열었다. '켄터키'라는 브랜드명을 의식하여 '룽화지榮華鷄('영화로운 중국의 닭'이라는 뜻)'라는 의미 있는 명칭을 붙였다.

하지만 중국과 미국 두 나라의 치킨 전쟁은 의외의 결말로 끝이 났다. 두 브랜드 모두 공생하며 순조롭게 매출을 늘려간 것이다. KFC는 룽화지 덕에 유명해지고 룽화지도 KFC 덕에 그 이름을 널리 알렸다. 다들 성공에 취해 있는 사이 패스트푸드라는 새로운 식문화가 중국에 정착한 것을 아무도 눈치채지 못했다. 더욱이 서구나 일본과 달리 중국의 KFC는 저렴한 이미지가 아니었다. 예를 들어, KFC가 들어온 이후 사람들은 한턱낼 일이 있으면 모두 그곳을 이용했다. 아마 20년이 채 지나기 전에 젊은 세대는 KFC나 맥도날드를 외래 음식으로 생각하지 않게 될 것이다.

한 일본인 친구가 흥미로운 이야기를 들려주었다. 그는 어느 날 중국인 청년 몇 명을 집에 초대했다. 포테이토 칩, 팝콘, 중국 간식을 여러 종류 준비했는데 놀랍게도 젊은이들은 중국 간식에는 손도 대지 않았다. '중국 간식이 더 맛있는데' 하고 고개를 갸웃했지만, 젊은이들은 포테이토 칩이나 팝콘이 더 입에 맞고 맛있다고 했다. 현대 중국 식생활의 변화 속도와 크기를 생각하면 그리 놀라운 일도 아니다.

이러한 격변은 어쩌면 중화요리의 특징일지도 모른다. 과거 긴 역사 속에서 다른 민족의 식문화를 흡수하며 형성해 온 중화요리는 이처럼 종류가 다양하고 풍부하다. 중화요리 하면 기름진 요리를 떠올리겠지만, 담백한 요리가 없는 것은 아니다. 이런 의미에서 보면 중화요리에는 정형화된 '틀'이 없다. 중국 식문화의 가장 큰 특징이 여기에 있다. 천변지이天變地異, 왕조 교

체, 민족문화의 충돌과 융합, 격심하게 변화하는 역사의 소용
돌이 속에서 음식이나 조리법, 식사 예법도 항상 역동적으로
변해왔다. 다만 그 변화 흐름이 완만했기 때문에 사람들이 별
로 의식하지 못했을 따름이다.

제1장

❁

공자의 식탁

2,500년 전의 주식

공자 시대, 기장은 귀한 곡식이었다

고대 중국인은 무엇을 먹었을까? 문자가 없던 시대는 차치하고 공자가 살았던 시절은 어땠는지 한번 살펴보자.

농경기술이 발달하고 학문도 번성했던 춘추시대(기원전 770~403년)는 중국 문명의 원형이 형성된 중요한 시기다. 한족 문명의 근간이 그 무렵에 형성되었고 문화의 정수精髓는 다음 시대로 계승되었다. 후세에 왕권을 가졌던 사람들은 모두 주周 왕조를 정통으로 했고 유학자들도 춘추시대의 정치를 본보기로 삼았다.

우리가 살펴볼 공자孔子는 지금으로부터 2,500여 년 전에 태어난 그 시대의 대표적 사대부로, 공자의 식사를 보면 중원지역 식문화의 대략적인 모습을 유추할 수 있다.

『논어』 제6편 '옹야雍也'에는, 공자가 노魯의 사법 대신으로 있을 당시 토지 관리를 담당하던 제자 원사原思에게 900두의 곡물을 주었으나 욕심이 없던 원사가 이를 정중히 사양했다는 이야기가 나온다.

이 일화는 당시 생활비를 곡물로 지급했음을 보여준다. 화폐 경제가 성립하기 이전에는 세계 어느 민족을 보더라도 식량을 지불 수단으로 사용했고, 그 식량은 대부분 주식용 곡물이었다. 후에 쌀이 주식이 되면서부터는 쌀이 공식 지불 수단이 되었지만 논어에서 말하는 곡물이 무엇인지는 글에 명시되어 있지 않다.

『논어』 제18편 '미자微子'에는 이런 내용도 나온다. 어느 날 공자의 제자 자로子路가 여행 중에 한 은둔자를 만났다. 은둔자는 자로에게 간곡히 머물기를 청하며 닭과 함께 기장을 대접했다. 일반적으로 귀한 손님을 맞을 때 아무 음식이나 내놓지는 않는 법이다. 손님을 대접하는 데 사용되었으니 기장 또한 고급 식량이었을 것이다. 이 기장은 구체적으로는 '황미黃米'라고도 불리는 '찰기장'을 가리킨다. 점성이 있어 밥으로 지어 먹었으며 점성이 없는 기장은 술의 원료로 사용했다.

서민의 주식은 콩이었다

당시 식량으로는 벼稻, 기장黍, 조粟, 보리麥, 콩豆 등 여러 종류가 있었는데 그중에서도 콩은 하층계급의 음식이었다. 기원전 322년에서 269년까지의 일을 기록한 『전국책戰國策』 '한책·양왕韓策·襄王'에 한漢의 토지 상황을 다루는 내용이 나온다.

한은 지금의 산동성山東省, 하남성河南省 근처인데 토질이 나빠 보리나 콩밖에 키울 수 없었다. 서민의 먹을거리는 대부분 콩밥과 콩잎국으로, 한 해라도 흉작이 들면 쌀겨조차 변변히 먹을 수 없는 상황에 부닥쳤다. 이는 공자가 살았던 시대보다 150년에서 200년쯤 후의 일이지만 식량 사정은 그때와 크게 다르지 않았다. 달리 말하면, 공자가 살았던 시대에도 일부 지역의 서민들은 콩을 주식으로 먹었다는 이야기다.

『관자管子』 제5권 '중령重令'에는 "콩과 곡물이 부족하면 백성은 반드시 기아에 허덕인다"라는 말이 나온다. 여기서도 콩이 서민 식량이었음을 알 수 있다. 또 200년 정도 후에 편찬된 『묵자墨子』 '상현尙賢'에도 "콩과 곡물이 많아지면 백성은 식량으로 곤란할 일이 없다"라는 기록이 나온다. 역시 곡물과 함께 콩이 귀중한 식량으로 다뤄진다.

『논어』에서는 식량이라는 의미로 '오곡五穀'이라는 말을 사용하는데 어떤 곡물을 가리키는지는 확실하지 않다. 한대漢代에는 이를 두가지로 해석했다. 정현鄭玄은 『주례周禮』에 나오는 '오곡'을 '마麻, 기장黍, 조 혹은 수수稷, 보리麥, 콩菽'이라고 해석했고, 조기趙岐는 『맹자孟子』의 오곡을 '벼稻, 기장黍, 조粟, 보리麥, 콩菽'이라고 설명했다. 마(마의 열매)가 벼로 바뀐 점을 제외하면 다른 곡물은 거의 같다. 마 열매는 식품은 아니지만 기름이 풍부하여 식용유로 사용할 수 있다. 채소를 조리할 때 기름을 사용한 것과 사용하지 않은 것은 풍미에서 큰 차이가 난다. 그만큼 기름이 중요하기에 정현이 '마'를 오곡의 하나로 넣었을지도 모른다. 마를 제외하면 곡은 전부 여섯 종류가 된다.

『논어』 제17편 '양화陽貨'에는 "쌀밥을 먹고 비단옷을 입는 것이 너에게는 편안하겠느냐?"라고 벼를 언급한 부분이 있다. 쌀을 고급 의복과 함께 들고 있으니 당시에는 쌀이 사치스러운 음식이었음을 알 수 있다. 공자가 살았던 노나라의 지리나 기후 조건, 농경 기술은 벼를 대량으로 재배할 수 있는 환경과는 맞지 않았다. 벼를 재배할 수 없는 곳에서 쌀이 주식이 되기는 어려운 것은 당연한 일이다.

조는 귀족이 즐겨 먹던 식량이었다

중원지역에서 쌀은 사치스러운 음식이었고 서민이나 가난한 사람들은 콩을 먹었다. 보리는 항상 콩과 함께 다뤄지니 역시 소박한 음식으로 볼 수 있다. 그러면 조, 수수, 기장은 어떨까? 춘추시대에 이 세 가지는 비교적 유복한 자들의 음식이었다. 그중에서도 기장(찰기장)은 가장 좋은 식량으로 상류층의 사랑을 받았다. 고급 관료였던 공자 역시 조밥이나 기장밥을 주식으로 먹었다. 어쩌다 쌀도 먹었지만, 주식은 아니었다. 서두에서 말한 『논어』에 나오는 곡물은 모두 사대부에게 지급된 것들이니 조나 기장이 분명하다. 기장과 마찬가지로 조도 고급 식량이었기 때문이다.

당시 귀족들이 조를 주식으로 했던 기록도 남아 있다. 『전국책』 '제책齊策' 편에 따르면, 맹상군孟嘗君의 후궁들은 모두 고급스러운 흰 비단이나 마 옷을 두르고 "양육粱肉(기름진 밥과 고기)을 먹었다"고 한다. '양粱'은 후에 고급 식량 전체를 의미하게 되었지만, 원래는 고급 조를 가리켰다. 맹상군의 영지領地는 산동성 등현滕縣에 있었으므로 아직 대량으로 벼를 재배하지는 않았을 것이다. 따라서 여기서 말하는 '양' 역시 조를 뜻한다.

조나 기장은 오늘날 밥 짓는 방법으로는 제대로 된 맛이 나지 않는다. 고대의 취사도구로 미루어 보면 아마 끓인 후에 다시 찜통에 쪘던 것 같다. 사실 불과 얼마 전만 해도 화북華北 지역에서는 이 같은 취사법이 일반적이었다. '로반撈飯'이라고도 불린 이 방법에서는 끓인 후 다시 찌는 과정에서 쌀에 함유된

비타민과 단백질을 국물과 함께 버린다. 그래서 영양 면에서는 썩 좋지 않다. 이 취사법의 금지를 주장하는 책이 나올 정도였으니 일부 지역에서는 상당히 유행했던 모양이다.

이 취사법은 번거로운 데다 쌀에는 전혀 적합하지 않은데도 화북 지역에서 대대로 전해져 왔다. 하지만 이를 통해 주식이 조와 찰기장에서 쌀로 옮겨 왔음을 유추할 수 있다. 식량은 바뀌어도 취사법은 예전과 같았기 때문이다.

춘추시대 서적이나 조금 후대에 나온 서적에서는 지역에 따라 곡물의 종류가 광범위하고 주식도 일정하지 않았다는 점을 주목해 보아야 한다. 현대와 같은 주식의 개념이 아직 없었다. 지금은 밀가루와 쌀이 각각 중국 북방과 남방의 주식이지만, 식량 생산이 기후 조건에 크게 좌우되고 규모가 작아 생산량이 불안정했던 고대에 지금처럼 넓은 지역에 걸쳐 같은 식량을 주식으로 삼기는 어려웠다.

또한, 같은 지역이어도 계층에 따라 주식이 달랐다. 중국 문명의 발상지인 중원지역에서는 귀족이나 관리 그리고 호상豪商이나 사대부만 고급 식량으로 여겨졌던 조, 기장, 쌀 등을 먹을 수 있었다. 다만, 쌀 보급률은 남방이 북방보다 좀 더 높았다.

공자는 어떤 음식을 먹었을까?

돼지고기가 귀했던 시절

춘추시대에는 다양한 식자재를 요리에 사용했다. 『주례』 '천관
千官' 편에 '육생六牲'이라는 말이 나오는데, 이는 군주의 향연이
나 제례 등 의례에 사용했던 말, 소, 양, 닭, 개, 돼지 등 여섯 종
류의 가축을 가리킨다. 그 외 야생동물이나 어류는 사냥할 수
있는 거의 모든 종류를 식용으로 사용했다.

　『논어』에는 공자가 "고상한 음악에 마음을 빼앗겨 고기를
먹어도 그 맛을 알지 못했다"라는 대목이 있다. 하지만 그 고기
가 어떤 고기인지는 나와 있지 않다. 현대 중국에서 '고기'라고

하면 으레 돼지고기를 가리키는데, 고대에는 무엇이었을까? 『논어』 '양화' 편에는 양화가 공자를 만나고자 했으나 만나주지 않자, 일부러 공자가 집에 없는 틈을 타서 돼지고기를 갖다 놓고는 자신에게 사례하러 오게끔 만들었다는 일화가 있다.

또 『예기』 '왕제王制' 편에는 '특별한 사정 없이 제후가 소를 죽여 식사에 사용해서는 안 되고, 대부가 양을 잡아서는 안 되며, 선비가 개와 돼지를 죽여서는 안 되고, 서민은 맛있는 음식을 먹으면 안 된다'는 규정이 있다. 평소에 안 된다는 말은 제사나 손님이 왔을 때는 먹어도 좋다는 의미다. 이런 규정을 굳이 만든 것은 평소 식습관이 그랬기 때문일 것이다. 아마 사대부인 공자도 평소 개와 돼지를 먹지 않았을까.

사육 기술을 생각한다면 춘추시대에 개고기 공급량은 돼지고기를 넘지는 못했을 것이다. 게다가 공자에게는 개고기 식용에 관한 '규율'이 있었던 것 같다. 『예기』 '단궁하檀弓下' 편에 따르면, 공자는 키우던 개가 죽자 제자에게 사체를 먹지 말고 땅에 묻으라고 시켰다.

사실 육조六朝시대까지는 개고기를 먹는 게 금기시되지는 않았지만, 공자는 아마 키우던 개에게 정이 들어 먹지 않았을 것이다. 반려동물로 키웠으니 돼지고기처럼 일상적으로 먹지는 못했을 테고 그렇게 보면 『논어』에서 공자가 특별히 명시하지 않은 그 고기는 현대와 마찬가지로 돼지고기라고 본다.

오래된 서책에는 간혹 '고기'가 등장하여 '귀한 음식'을 비유하는 말로 많이 사용된다. 『전국책』 권4 '제책'에는 현명한 군주인 제나라 선왕宣王이 안촉顔斶을 책사로 기용하고자 "과인과 같이 있어 준다면 음식은 태뢰太牢로 대접하고 출타할 때는 반드시 수레를 타도록 하고 가족에게는 아름다운 옷을 제공하겠다"라고 하는 장면이 있다. 이때 등장하는 '태뢰'는 원래 제례에 바치는 제물로 소, 양, 돼지를 갖춘 성대한 음식상을 뜻한다. 고기가 호화로운 요리의 비유로 사용된 점을 보면 당시에 맛있다고 생각하던 고급 음식은 역시 고기였다.

다양한 생선

『논어』에 생선에 관한 이야기는 별로 나오지 않는다. 다만, 식사에 관한 기록에는 이런 언급이 있다. "밥은 정백이 좋고 회는 가늘게 썬 것이 좋다. 쉬거나 맛이 변한 밥은 먹지 않는다. 생선은 상해서 허물어진 것은 먹지 않는다. 색이 나쁘거나 냄새나는 것도 먹지 않는다. 조리하다가 부서진 것도, 제철이 아닌 것도 먹지 않는다. 고기 써는 법이 옳지 않은 것도 먹지 않는다. 각각 어울리는 조미료를 더하지 않은 요리는 먹지 않는다." 하지만 이 생선의 이름은 밝히지 않았다.

공자가 살았던 시절 혹은 그 이전에는 어떤 생선을 먹었을까? 『시경詩經』에서 그 일부를 엿볼 수 있다. 이를테면 주송周頌의 <잠潛>이라는 시에는 '유鮪', '전鱣', '조鰷', '상鱨', '언鰋' 등 다섯 종류의 생선 이름이 나온다. '유'는 다랑어가 아니라 담수산 철갑상어(학명 sturgeon)다. '전'은 살이 황색이고 비늘이 없는 생선이다. 큰 것은 길이가 6~9미터에 이르는데, 이것도 철갑상어의 일종으로 볼 수 있다. '조'는 피라미다. '상'은 쏘가리이며 '언'은 메기인데 현대 중국어로는 '점어鮎魚'라고 한다.

『시경』 '진풍陳風'에 나오는 '방'은 편어鯿魚라고도 하는 몸이 납작한 담수어로, 육질이 연하고 아주 맛있다. 현재도 중국 각지의 시장에서 흔히 볼 수 있다. '례鱧'는 가물치(칠성장어 혹은 갯장어라는 설도 있다), '준鱒'은 송어다. '사鯊'는 모래무지, '서鱮'는 납자루다. 또 어류는 아니지만 자라도 나온다. 그 외에 『장자莊子』의 '외물外物'에는 붕어가 등장한다.

『시경』에 나오는 생선은 전부 담수어로 황하 유역에서 나는 것들이 많다. 물론 앞에서 말한 생선 전부가 당시 모든 서민이 일상적으로 먹던 것은 아닐 수도 있다.

잉어, 납자루, 가물치, 붕어는 현재도 많은 지역에서 먹지만, 그 외 일곱 종류는 일부 지역을 제외하면 일상적으로 먹는 생선은 아니다. 현재 중국 4대 담수어라고 하면 민물 청어, 초어, 붕어, 잉어인데 어떤 이유에서인지 민물 청어와 초어는 『시경』

에서 찾아볼 수 없다. 현재도 장강 유역에서 많이 잡히고 식용으로 사용되는 것을 보면 운송 수단이 확립되지 않았던 시절에는 주로 남방에서 먹었을 것이다. 이 때문에 『시경』에 나오지 않는다고도 추측해 볼 수 있다.

대규모 양식 기술이 아직 확립되지 않았던 고대에는 잉어처럼 비교적 넓은 지역에 분포하며 서식하는 종을 제외하고는 한 나라 안에서라도 같은 종류의 생선을 두루 먹지는 못했다.

근대에 들어와서는 원양어선의 발달로 예전에 먹을 수 없던 바다 생선도 식탁에 오르게 되었다. 그러나 공자가 살던 시대에는 어로 기술의 한계로 바다 생선은 내륙에서 거의 공급할 수 없었다. 지금 중국 일반 가정에서 널리 먹고 있는 갈치, 조기, 병어 등의 바다 생선은 어떤 문헌에도 나오지 않는다.

마찬가지로 지금은 새우를 빼놓고 중화요리를 이야기할 수 없지만 고대 문헌에서는 그 이름을 찾을 수 없다. 손님 접대용 3대 가정요리라고 불리는 드렁허리, 자라, 상해 게 중에서도 자라만 옛 문헌에 등장할 뿐이다. 당시에 자라는 상당히 고급 요리였던 것 같다. 『좌전左傳』에 이런 이야기가 나온다. 춘추시대 정鄭 영공靈公이 왕위에 오르자 초나라에서 자라를 헌상했다. 마침 그때 공자公子 송宋과 공자公子 가家가 정영공을 알현하고자 어전을 찾았는데, 공자 송은 자신의 검지가 움직이는 것을 느끼고 그 손을 공자 가에게 보이며 "이렇게 내 손가락이 움직일 때는 반드시 진미珍味를 먹게 된다"라고 말했다.

"검지가 움직인다(구미가 당긴다)"라는 숙어의 유래가 된 이 옛이야기를 보면 귀족들도 일상적으로 자라를 먹지는 못했던 모양이다.

항상 같은 채소를 먹었던 것은 아니다

『논어』에는 채소가 거의 나오지 않지만, 대신 『시경』을 단서로 유추하면 춘추시대에 적어도 20여 종의 채소를 식용으로 사용했음을 알 수 있다. 당시 중요한 채소는 콩잎, 미나리, 순나물, 고사리, 고비, 부추, 아욱, 박, 순무, 무, 냉이, 씀바귀, 백쑥, 순나물꽃, 질경이, 도꼬마리, 박잎, 쑥갓, 개구리밥 등이었다.

그중에서 미나리, 부추, 무, 냉이, 아욱, 쑥갓은 오늘날에도 식탁에 자주 오르고 순나물은 항주 부근에서 지금도 식용으로 사용한다. 현재 들완두싹을 고급 채소로 치는 것도 아마 콩잎을 먹는 습관과 관련 있을 것이다. 단, 채소의 이름은 완전히 변했다. 예를 들면 쑥갓莪은 동호茼蒿 혹은 봉호채蓬蒿菜, 무菲는 라복蘿卜이 되었다. 현재도 의미가 통하는 것은 미나리芹, 부추韭, 냉이薺뿐, 그 외에는 전혀 통용되지 않는다.

지금은 거의 먹지 않는 것도 많다. 앞에서 말한 20여 종의 채소 중 절반 이상은 현재 채소로 취급되지 않는다. 고비, 고사리 등은 한국과 일본에서는 친숙하지만, 중국 대부분 지역에서는 훨씬 이전부터 식용으로 사용하지 않고 있다.

현재 가장 많이 재배되고 어딜 가나 빠지지 않는 배추, 청경채, 양배추, 시금치 등은 아직 등장하지 않았다.

회를 즐겨 먹다

회를 즐겨 먹던 시절

요리는 조리법에 따라 외형이나 맛이 완전히 달라진다. 지금도 먹는 재료들을 공자 시대에는 어떻게 조리해서 먹었을까?

『논어』에 "밥은 정백이 좋고 회는 가늘게 썬 게 좋다食不厭精,膾不厭細"라는 말이 나온다. 『한서漢書』'동방삭전東方朔傳' 편에도 "생고기를 회膾라고 한다"라는 기록이 있다. 이처럼 회는 육류나 생선을 가늘게 썰고 초에 절여 생으로 먹던 요리다. 현재 중국에서는 지극히 일부 지역을 제외하고는 육류나 생선의 회를 전혀 먹지 않는다. 정식 중화요리에도 날음식은 나오지 않는다

(북경과 상해 같은 대도시에 일본 음식점이 진출하여 생선회가 유행한 것은 1990년대 이후에 일어난 새로운 현상이다).

그러나 춘추시대에는 생식이 매우 일반적이어서 공자도 육류 회를 즐겨 먹었다. 『예기』에 "회 양념으로 봄에는 파, 가을에는 겨자를 사용하고 사슴 생고기에는 간장을 사용해야 한다"라는 기록이 있다.

왜 날것을 그대로 먹으려 할까? 현대인은 미식을 추구하여 조림, 찜, 백숙, 튀김, 훈제, 꼬치구이 등 다양한 조리법을 두루 사용하기 때문에 오히려 회 같은 생식이 맛있게 느껴질 수 있다. 하지만 고대 사람들의 관점에서 생각하면 상황이 180도 달라진다.

철이 발명되기 전에는 음식을 가열하려면 손이 많이 갔다. 냄비, 쟁반, 사발이 다 도기여서 찌거나 졸이는 조리법밖에 없었다. 무엇보다 도기는 열전도율이 낮아 가열하는 데 시간이 걸린다. 농작업이나 수렵 혹은 전쟁처럼 촌각을 다투는 때에는 천천히 가열할 여유가 없었다.

육류나 생선은 잘게 썰어 적당히 소금만 뿌리면 날것 그대로 먹을 수 있다. 당초에는 아마 어쩔 수 없이 그런 간단한 조리법을 사용했겠지만, 생활에 여유가 생기면 더 맛있게 먹는 법을 찾는 게 사람의 심리다. 실제로 철기가 발명되고부터 중국에서는 생식 문화가 급격히 후퇴했다. 이 현상에서도 엿볼 수 있듯

생식 습관은 조리 환경이나 조리 기구와 연관이 있다. 고대 생식은 선택이 아닌 필수였다.

회, 즉 생선을 날로 먹는 습관은 이후 중국에서 거의 자취를 감췄으나 일본에서는 현대까지 전해지고 있다. 생선회뿐만 아니라 소고기, 말고기, 사슴고기, 닭고기도 날로 먹는다. 에도시대에는 돼지고기에 '목단牡丹', 사슴고기에 '홍엽紅葉', 말고기에 '앵육桜肉'이라는 미칭까지 붙였다. 알래스카 에스키모인도 아직까지 날 사슴고기를 먹는 관습이 있다.

중국에서 가장 오래된 조리법 중 하나는 끓이는 것이고 가장 오래된 요리는 '국'이다. 물론 고기도 종류와 상관없이 모두 끓여서 국으로 먹었다. 공자 시대뿐만 아니라 은대殷代(기원전 1750~1020년)에도 '국'은 이미 주요 조리법으로 '찜'과 함께 널리 사용되었다. 왕후 귀족의 집에서는 고기 삶는 도구로 솥을 사용했다. 밑에 작은 구멍이 있는 '증甑'이라는 취사도구를 가마나 솥 위에 두고 찜기로 썼다.

끓이기와 굽기

끓이는 조리법은 폭이 매우 넓어 똑같이 끓이더라도 살짝 데치느냐 푹 끓이느냐에 따라 요리가 크게 달라진다. 고기도 끓여

서 건져 내고 국물만 먹느냐 잘게 썰어 국물과 함께 먹느냐에
따라 다른 요리가 된다. 춘추시대나 그 이전의 은대殷代에는 후
자, 즉 국으로 먹는 방법이 주였다.

국의 종류는 다양했다. 고기만 넣어 끓인 고깃국이 있는가
하면 채소만 넣어 끓인 채소국도 있었다. 『예기』 '내칙內則'에 기
록된 "국羹은 제후에서 서민에 이르기까지 신분의 차이 없이"
라는 말에서 알 수 있듯이, 지배자에서 서민에 이르기까지 모
두가 즐겨 먹었다.

굽는 조리법은 육류나 생선을 먹을 때 자주 이용했다. 굽는
방법에 따라 포炮, 번燔, 적炙으로 나뉜다. '포'는 음식에 진흙을
발라 구운 것, '번'은 직화로 구운 것, '적'은 꼬치로 꿰어 구운
것으로 해석한다.

국은 고기의 양이 아주 적어도 다른 재료를 넣으면 꽤 푸짐
해진다. 그에 비해 구울 때는 고기 양이 너무 적으면 조리하기
어렵다. 또 국은 말린 고기로도 만들 수 있지만, 구이는 신선한
고기가 아니면 안 된다. 왕후 귀족은 별개로 하고 춘추시대의
일반 가정에서는 고기를 국으로 끓여 먹는 것이 기본이었다.

국은 보통 고기나 생선을 넣고 끓이지만, 여기에 채소를 더
하기도 한다. 국에 어떤 채소와 고기를 사용하는지는 『예기』에
상세히 기록되어 있다. 돼지고기의 경우 봄에는 부추, 가을에
는 여뀌를 사용하고, 소고기나 양고기에는 산초, 그 외의 고기

에는 매실을 사용한다. 메추라기국이나 닭국에는 여뀌를 넣는다. 여뀌가 채소뿐 아니라 양념의 역할도 했을 것이다. 당시에 이미 여러 재료를 배합하여 조리했음을 추측할 수 있다. 이 같은 조리법이 후세에도 이어져 현대에는 메인요리에도 여러 식자재를 사용한다. 그러나 춘추시대 사람들이 먹던 채소와 오늘날 먹는 채소는 상당히 다르므로 공자가 먹던 음식의 맛도 현대와는 크게 달랐을 것이다.

좀 더 시대를 거슬러 올라가 서주西周 시대에는 생선을 끓여 먹었다. 『시경』의 '회풍檜風' 편에 실린 <비풍悲風>이라는 시에 "수능팽어 개지부심誰能烹魚 漑之釜鬵"이라는 시구가 있다. '팽烹'은 끓인다는 의미다. "누군가 생선을 잘 끓이는 이가 있다면 그 솥을 깨끗이 씻어 드리리"라고 한 것은 생선을 끓여 맛있게 요리하는 게 어려웠기 때문일 것이다. 소아小雅의 <유월六月>이라는 시에는 "음어제우 포별회리飮御諸友 炰鱉膾鯉"라는 시구가 있다. 포별炰鱉은 은박지에 싸서 구운 자라이므로, 이 시구는 "내가 여러 벗에게 음식을 권하노니 자라구이와 잉어회라네"라는 의미다.

현대 중국에서는 야외나 포장마차 등 특별한 장소에서 식사할 때를 제외하고는 구운 생선을 거의 먹지 않는다. 가정에서도 생선을 직접 불에 구워 조리하는 경우는 드물다. 그러나 『국어國語』 '초어상楚語上'에는 제례의 제물로 "선비는 돼지나 개, 서민은 구운 생선을 사용할 수 있다"라는 말이 나온다. 제례가 끝난 후 제물은 통상 그대로 먹는다는 사실에서 춘추시대에는 구운 생선이 일반적인 조리법이었음을 알 수 있다.

데침과 절임

중국에서 제철製鐵이 언제부터 시작되었는지는 확실하지 않다. 철제 농기구는 춘추시대에 이미 만들어졌지만, 철 냄비는 이 시기 문헌에서 찾아볼 수 없다. 공자가 태어난 춘추시대 중기는 아직 철 냄비를 사용하기 전이었을 것이다. 이 때문에 도기나 청동제 냄비로도 간단하게 만들 수 있는 국이 당시 주요 조리법이었다.

볶는 조리법이 나타나기 전 채소 조리법은 한정적이었다. 채소는 대부분 찜이나 구이에 어울리지 않아 국이나 절임으로 먹었다. 실제로 춘추시대 채소 식용법은 후세에 비해 상당히 단순했다.

사서史書에는 '저菹'라는 글자가 자주 등장하는데, 이는 식초나 소금에 절인 채소를 가리킨다. 채소만으로 조리한 음식은 가난한 이들의 음식이라고 경멸하기도 했다. 『한비자韓非子』 '외저설좌하外儲說左下'에 이런 대목이 있다. "손숙오孫叔敖라는 자가 초나라 재상이 되었는데, 출타할 때는 일반 선비가 사용하는 수레를 타고 거친 밥과 채소국과 말린 생선을 먹어 항상 허기져 보였다." 저자는 이런 사람을 가리켜 검약이 지나쳐 오히려 위협적이라며 부정적으로 평했다. 『논어』도 '채솟국'을 소박한 음식으로 소개했다.

모든 것은 제사에서 시작되었다

원형을 살리는 중화요리

일본요리와 중화요리에는 두 가지 큰 차이가 있다.

일본에서는 생선 외에는 원래 형태를 남기지 않고 조리하며, 머리, 발, 내장은 정식 요리든 가정 요리든 그대로 사용하지 않는다. 내가 중국에 있던 무렵 일본인 지인을 집으로 초대한 적이 있다. 가장 자신 있는 요리를 대접하려고 닭찜을 만들었다. 6개월이 안된 어린 닭을 아침에 잡아 통째로 찐 요리다. 소흥주, 생강, 실파, 소금 외에는 아무것도 넣지 않고, 찔 때도 불필요한 수분이 들지 않게 하여 진하고 부드러운 맛을 냈다. 그런데 신기하게도 지인은 그 요리에 전혀 관심을 보이지 않고 아무리 권해도 젓가락을 대려 하지 않았다. 나중에 안 사실이지만, 일본인은 통째로 조리한 음식을 먹지 않았다. 사육이든 야생이든 상관없이, 원형이 아니라면 꽤 다양한 고기를 먹지만, 통째로 조리하여 식탁에 올린 닭, 오리, 비둘기, 토끼를 보면 대부분 거부 반응을 보인다.

하지만 중국에서는 동물의 원형을 남겨 조리하는 것이 일반적이다. 돼지 족발은 잘게 썰지 않고 그대로 조리하고, 닭이나 자라를 통으로 찐 요리도 드물지 않다. 북경오리를 먹을 때도 갓 구운 오리를 먼저 식탁에 가져와 구운 정도를 손님에게 충분히 보인 후 한 겹 한 겹 썰어 준다. 일본에서는 거의 볼 수 없는 광경이다. 밑 손질은 전부 주방에서 끝내고 식탁에 올릴 때는 오리의 모습이나 형태를 전혀 볼 수 없다. 개중에는 빵에 싼 다음 내는 식당도 있다. 중국에서는 북경오리뿐 아니라 통돼지도 일단 껍질을 몸체에서 분리하여 장방형으로 썰고 나서 다시 등이나 갈비뼈 위에 올려 식탁에 낸다.

강소성江蘇省 진강시鎭江市에는 '돼지머리 간장 조림'이라는 명물 요리가 있다. 『수원식단』에도 이름이 나오는 역사가 깊은 요리다. 원래는 돼지 머릿속 뼈를 바르고 서너 조각으로 갈라 조리하지만, 완성된 요리를 접시에 담을 때는 돼지머리 형태를 되살려 식탁에 올린다.

동물 내장을 먹는 것도 중화요리의 특징이다. 간뿐 아니라 신장과 폐, 심장 그리고 위와 창자도 요리한다. 돼지나 닭, 오리의 피도 식자재로 쓴다. 일본과 중국은 문화적으로 가까운데 왜 이런 차이가 생겼을까? 다양한 이유가 있겠지만, 아마 제례 관습과 연관이 있을 것이다.

　일본에서는 극소수 예외를 제외하면 제례 때 육류를 사용하지 않는다. 불교식 제례에는 밥, 조림, 콩류(혹은 나물류), 절임, 국 등 5품을 올린다. 물론 전부 정진요리법(사찰요리)에 따라 조리한다. 신도神道(자연숭배·조상숭배를 기본으로 하는 일본의 고유종교로, 신사를 중심으로 발달한 신사 신도가 주류다)는 쌀, 소금, 물, 술, 제철 채소, 제철 과일, 꼬리와 머리가 붙은 생선(대개는 오징어), 이렇게 7품이다. 여기에 계절에 따라 떡이나 과자를 더해도 상관없다.

　불교와 신도 모두 육류는 없고 육류를 통째로 조리한다는 발상도 전혀 없다. 일본인은 해산물을 제외하고는 통째로 조리한 것을 꺼림칙하게 여기고, 가축의 내장이나 발, 머리도 먹지 않는다. 이러한 심리는 제례 관습과도 연관이 있다. 그렇지만 일본에서도 생선은 통째로 조리하여 식탁에 올린다. 이 역시 제례 관습을 따른 것이다. 생선 내장을 버리지 않는 것도 아마 같은 이유가 아닐까.

중국의 식습관도 제례 관습과 밀접한 연관이 있다. 고대에는 하늘과 땅의 신이나 선조를 기릴 때 요리를 바쳤다. 불교가 들어오기 전부터 신에게 '육생六牲', 즉 여섯 종류의 고기를 바치는 풍습이 있었다. 또 사자死者를 기릴 때도 요리를 바쳤다. 『예기』 '교특생郊特牲'에 "하늘을 기리는 제례에는 산 제물의 피를 바치지만, 조상을 기리는 제례에는 생고기를, 토지의 신과 오곡의 신을 기리는 '삼헌三獻'에는 설익은 고기를, 그 외의 모든 신을 기리는 '일헌一獻'에는 인간이 먹는 것과 같이 충분히 익힌 고기를 바쳤다"라는 기록이 있다.

살아 있는 제물의 머리나 심장, 폐, 간 등도 제례에 제물로 사용했다는 기록이 있다. 『예기』는 그 이유를 "머리를 바치는 이유는 머리가 전체의 으뜸이기 때문"이며, "산 제물의 피를 바치는 이유는 생기가 담긴 것을 공경하고, 폐, 간, 심장 등을 바치는 이유는 생기의 근원이 되는 부분을 공경하기 위함"이라고 설명한다.

『예기』는 한대漢代에 편찬된 책이지만, 수록된 내용은 진나라 통일 전 것이 많다. 사실 『국어』 '초어상'에는 "(제례의 제물로서) 군주는 태뢰太牢(소, 양, 돼지)가 있고, 사대부는 소뢰小牢(양, 돼지)가 있고, 서민은 어魚(생선)가 있다"는 기록이 있다. 이 기록은 '제례 법전'의 문구이므로 예전에는 제물에 관한 상세한 규정이 있었음을 엿볼 수 있다.

신이나 선조에게 바치는 생 제물은 본래 통째로 바쳐야 했다. 그러나 소나 돼지 같은 큰 동물을 통째로 조리하기는 많이 불편했다. 그래서인지 후에 간략하게 머리나 몸통, 넙적다리 부분을 큼직하게 잘라 통째로 조리하여 바치게 되었다. 불교가 들어오고 나서도 그 관습은 계승되었다. 근대에 들어서도 부모의 장례나, 자택에서 기일에 제사를 모실 때는 통째로 조리한 닭이나 오리를 사용했다.

제사가 끝난 후 제사 지낸 사람들이 그 제물을 먹는 것은 지극히 당연한 일이다. 『예기』 '교특생郊特牲'에 "제사에 올린 제물은 선왕에게 하사받은 감사한 것으로 그 맛을 보지 않으면 안 된다"라는 기록이 있다. 즉, 제물은 신이 먼저 먹고 그다음 인간이 먹어야 한다. 현대에 소나 양의 내장, 돼지머리, 족발, 뇌 등을 먹는 것도 그 영향일 것이다.

조리법도 제사와 연관이 있다. 『예기』 '교특생'은 제사 때 고기를 다양한 방법으로 조리하여 바치는 이유에 대해 이렇게 해석한다. "신에게 고기를 바칠 때는 큼직하게 토막 친 생고기, 양쪽으로 가른 고기, 삶은 고기 혹은 잘 찐 고기를 사용하는데, 한 종류만으로는 신이 마음에 들어 할지 알 수 없어 주인 스스로 성심을 다해 제물을 갖추려는 것이다. 신의 이름을 빌려 미식을 누리려는 의도가 엿보이기는 하지만, 다양한 조리법이 옛날 제사 풍습과 깊은 연관이 있었던 것 또한 사실이다.

일본과 중국은 식습관이 다르지만, 신의 요리를 인간도 먹는다는 관점에서 본다면 두 나라 사이에 큰 차이는 없다.

밥을 손으로 먹는다고?

밥은 손으로 쥐고 먹는다

초등학생 무렵 읽은 그림책에 공자가 식사하는 장면이 있었다. 그림에서 공자는 상을 사용하고 있었고, 식기도 지금과 거의 다르지 않아 젓가락으로 음식을 먹고 있었다. 그때는 이를 특별히 이상하게 여기지 않았고, 지금도 많은 사람이 그렇게 생각한다.

『사기』에 따르면, 은殷의 주왕紂王(기원전 15세기 무렵)이 처음 상아 젓가락을 만들었다고 하지만 고고학자가 발굴한 젓가락은 오래되어도 춘추시대(기원전 8세기~3세기)의 것이다.

젓가락을 언제부터 사용했는지는 별개로 하더라도, 공자 시대의 젓가락 사용법 또한 현재와 전혀 다르다. 『한비자』 '외저설좌하'에 흥미로운 일화가 나온다.

어느 날 공자가 노나라 애공哀公을 알현하고자 가까이에서 기다리고 있었다. 애공은 공자에게 복숭아와 기장밥을 내어 먹도록 권했다. 공자는 먼저 기장밥을 먹고 그다음 복숭아를 먹었다. 그 모습을 본 일동은 모두 입을 가리고 웃었다.

애공이 공자에게 "기장밥은 먹는 게 아니라 복숭아털을 벗기기 위한 것이요"라고 말하자, 공자는 다음과 같이 말했다. "저도 알고 있사옵니다만 기장은 오곡 중에 가장 으뜸이라 조상의 제사를 모실 때도 최상의 제물로 쓰입니다. 하지만 복숭아는 여섯 가지 나무 열매 중 가장 아래에 있습니다. 군자는 천한 물건으로 귀한 물건을 벗기는 건 들은 적이 있사오나, 그 반대는 들은 적이 없습니다. 오곡의 으뜸인 기장으로 과실의 말석에 있는 복숭아의 털을 벗기는 것은 중한 물건으로 허접한 물건을 벗기는 게 됩니다. 이는 대의에 어긋나는 일로 저는 그리할 수 없사옵니다."

공자가 애공을 충고하고자 그렇게 말했는지 아니면 귀족의 사치스러운 식사법을 몰랐는지는 차치하고, 이 일화로 의외의 사실을 알 수 있다. 복숭아털을 벗기기 위해 내놓은 기장밥에 젓가락이 따라 나오지 않았다는 점이다.

공자가 자연스럽게 손가락으로 밥을 쥐었던 것은 당시 풍습이 그랬기 때문이 아닐까? 만일 지금처럼 젓가락을 사용해 밥을 먹었다면, 공자가 손으로 기장밥을 떠먹지는 않았을 게 분명하다.

젓가락 사용법

『예기』 '곡례曲禮' 편에는 밥을 먹는 예법이 나온다. "기장을 먹는 데 젓가락을 쓰지 말지어다." 즉, 기장밥을 먹을 때 젓가락을 사용해서는 안 된다는 말이다. 『관자』 '제자직弟子職'에도 "밥은 손으로 집어먹고, 뜨거운 음식은 손이 아닌 젓가락이나 숟가락을 사용한다"라는 기록이 있다.

윗사람과 함께 먹을 경우 같은 식기에서 밥을 손으로 집어먹을 때가 있는데, 이때 손가락을 문지르면 안 된다고 『예기』에 쓰여 있다. 이에 관해 당의 유학자 공영달孔穎達(574~648년)은 "고대인은 손으로 밥을 먹었기 때문에 다른 사람과 함께 식사할 때는 손이 청결해야만 했다. 먹기 직전에 손을 문지르는 것(깨끗이 하는 것)은 불결하므로 함께 먹는 사람이 싫어했다"고 주석을 달았다.

또 손님이나 윗사람과 함께 식사를 할 때 밥을 뭉치면 아무

래도 많이 집게 된다. 그러면 다투는 듯한 인상을 주어 나쁜 행동으로 비친다고 설명한다. 하지만 이는 타인과 함께 식사할 때의 예법으로 평소 식사라면 그렇게 해도 괜찮았다. 『여씨춘추』 '신대愼大' 편에 따르면, 제후인 조양자趙襄子도 밥을 뭉쳐서 먹었다.

사실 불과 수년 전까지도 이 풍속이 강남 지역에 남아 있었다. '츠판粢飯'이라 하여 서민이 이용하는 대중식당에서만 먹을 수 있는 조식의 일종이 있다. 찹쌀과 멥쌀을 일정한 비율로 섞어 쪄낸 밥인데, 손님의 주문에 맞춰 재료를 조합하고 뭉쳐서 내놓는다. 먹을 때도 절대 젓가락을 사용하지 않고 손에 쥔 채로 먹는다. 우리가 먹는 주먹밥과 비슷하지만 요 몇 년 새에는 거의 자취를 감췄다.

춘추전국시대에는 밥을 먹을 때는 젓가락을 사용하지 않고, 음식을 집을 때만 젓가락을 사용했다. 국도 채소가 든 것은 젓가락으로 먹지만, 들어 있지 않은 것은 젓가락을 사용하지 않는다고 『예기』에 쓰여 있다. 현대 중국에서는 보통 손잡이가 짧은 사기 숟가락을 사용하여 국을 먹는다.

흥미롭게도 한국에도 비슷한 식습관이 있다. 한국에서는 밥은 젓가락을 사용하지 않고 숟가락으로 먹지만, 반찬을 집을 때는 젓가락을 사용한다. 국도 건더기가 있을 때만 젓가락을 사용한다.

요리는 1인분씩 나왔다

현대 중국에서 여러 사람이 같은 식탁에 앉을 때는 접시에서 음식을 덜어 가는 것이 관례다. 하지만 춘추전국시대는 달랐다. 밥은 같은 식기에 담았지만, 반찬은 1인분씩 각자 먹었다. 『관자』의 '제자직'에 "각각의 음식 맛을 느끼고자 한다면 귀빈처럼 하라"는 말이 있다. 각자 자신의 밥상을 물릴 때는 귀빈의 밥상을 물리듯 신중히 행하라는 의미이므로 음식이 개별로 나왔음이 명백하다.

또 스승이 식사할 때 시중을 드는 제자는 계속 상황을 지켜보며 스승에게 음식이 끊이지 않도록 갖다 드려야 한다고 쓰여 있다. 밥이나 반찬을 한 식기에서 덜었다면 이렇게 할 필요가 없었을 것이다.

앞에 든 『관자』와 『예기』의 내용을 합하여 당시의 관습을 대략 유추하자면, 평소에는 밥도 반찬도 따로따로 먹었지만 손님이 있을 때는 밥은 같은 식기에서 덜어도 반찬은 기본적으로 따로따로 먹었음을 알 수 있다.

식탁에 밥이나 반찬을 놓는 법도 상세히 정해져 있었다. 『예기』에 "손님에게 식사를 권할 때 밥은 먹는 사람의 왼쪽, 국은 오른쪽에 놓고 그 바깥쪽에 회와 구운 생선을 놓는다"라는 기록이 있다. 식초, 젓갈 같은 조미료는 안쪽에 놓고, 파 등 양념은 바깥쪽에 놓는다. 육류 요리 중 뼈째 조리한 것은 왼쪽에 놓고 잘라서 조리한 것은 오른쪽에 놓아야 한다. 이렇듯 조미료나 향신료 놓는 법 등 상에 음식을 놓는 법만 봐도 당시에는 개별 밥상을 사용했음이 명백하다.

요리를 내는 데도 일정한 순서가 있었다. 마찬가지로 『관자』의 '제자직' 편에 따르면, 먼저 가금이나 가축 요리를 내고 그다음 채솟국을 내었다. 그리고 식사 마지막에 밥을 내는 것이 옳은 예법이라고 한다. 이 역시 스승이 식사할 때 제자의 시중과 관련한 예법이지만, 일상의 식사도 크게 다르지 않았을 것이다.

식사와 관련한 예법으로는 식전에 손을 씻고 식후에 입을 헹구는 것을 들 수 있다. 단지 얼마만큼 보급되었는지 확실하지 않고 모든 상황에 해당하지는 않았던 것 같다. 『예기』의 '상대기喪大記' 편에 '죽粥'을 '성盛'이라는 식기에 담아 먹을 때는 손을 씻지 않지만, 밥을 대바구니에 담아 먹을 때는 손을 씻어야만 한다는 기록이 있다. 상중喪中의 식사 예법이지만, 죽을 먹을 때는 예외였던 것 같다.

식후에 입을 헹구는 것도 상황이나 사람에 따라 예법이 다르게 적용되었다. 『관자』에 따르면, 스승은 식후에 물로 입을 헹구지만, 제자는 식후에 입 주위를 손으로 문질러 더러움을 없애기만 해도 괜찮았다.

서민은 1일 2식이 기본이었다

하루 식사 횟수에 관해 『장자莊子』 '소요유逍遙遊' 편에 "세 번의 식사로 돌아가도 공복을 느끼지 않는다"라는 말이 나온다. 춘추전국시대에 이미 1일 3식이 확립된 것이다.

하지만 일반 서민은 그렇지 않았던 모양이다. 1980년대 이전에 출토된 목간木簡(종이가 없던 시대에 문서 등을 얇고 긴 나무판에 적은 것)을 보면, 은대慇代(기원전 1750~1020년)에 서민은 1일 2식을 했다. 식사 시간도 지역에 따라 다소 다르지만 대략 아침 7시부터 9시에 한 번, 오후 3시에서 5시에 한 번이다. 조식이 주식인 듯 보이고, 1일 2식 기준으로 식량을 배분하는 규칙이 기록된 것으로 보아 그 후로도 1일 2식이 이어졌을 것이다.

1960년대까지도 1일 2식을 하는 지역을 볼 수 있었다. 필자는 1966년에 광동성 주해珠解에서 얼마간 머문 적이 있다. 큰형이 근무하던 육군병원에서는 주중에 1일 3식을 했으나 휴일에는 고장 풍습에 따라 오전 11시와 오후 5시 무렵에 2식만 했다.

특별히 흉년이 들거나 기근이 일어났던 것은 아니어서 단순히 옛 관습의 잔재일 가능성이 높다. 단, 상층 계급은 달랐다. 당시 상층 계급은 1일 3식이었고 서민은 1일 2식이었다는 게 타당하겠다. 그리고 생산력의 향상으로 1일 3식이 상층에서 하층으로 차례차례 확산했다.

제2장

❖

면의 연륜

기원전 770년~기원전 221년	**춘추전국시대** 春秋戰國時代
기원전 206년~220년	**한대** 漢代
221년~589년	**위진 · 남북조시대** 魏晉·南北朝時代
581년~618년 618년~907년	**수당시대** 隋唐時代
960년~1279년	**송대** 宋代
1271년~1368년	**원대** 元代
1368년~1644년	**명대** 明代
1636년~1912년	**청대** 清代

알곡으로 먹은 밀과 보리

입식의 유래

황하 유역에 문자가 탄생한 이후 중국은 오랫동안 입식^{粒食}(알곡 상태로 조리한 음식) 문화권이었다. 원래 대륙에서 산출하는 곡물 은 종류가 많아 지역에 따라 주식으로 먹는 곡물이 여러 갈래 로 복잡하게 나뉘어 있었다. 또 같은 지역이라도 시대에 따라 다양한 변화가 있었다. 이른바 오곡이라 불리는 조, 기장, 벼, 보리, 콩은 모두 알곡 그대로 조리해서 먹었다. 고대 문헌에 종 종 등장하는 '보리'도 예외는 아니었다. 식물사학자 시노다 오 사무에 따르면, 고대 중국에서 먹었던 보리는 중앙아시아 고지를 원산지로 하는 겉보리였는데, 원래 서역에서 중국에 전해진 곡물로 오랫동안 알곡으로 먹었다. 겉보리의 기원지에 관해서는 여러 설이 있지만, 알곡으로 먹었던 것은 분명하다. 겉보리는 맛이 떨어지고 글루텐을 함유하지 않아 가루 형태로 먹기에는 적합하지 않았다. 사실 겉보리를 알곡으로 먹는 습관은 현대에도 남아 있어, 필자가 어릴 적 본가에서는 겉보리죽을 자주 만들어 먹었다. 또 식량이 부족했던 1960년대 초기에는 보리밥을 먹기도 했다.

중원지역에서 입식이 주류가 된 것은 조나 기장류를 주식으로 먹었기 때문이다. 고고학 발굴 결과에 따르면, 황하 유역에서는 이미 8천 년 전에 조를 재배했다. 조나 기장을 주식으로 하는 역사가 오래 이어졌으므로 설령 다른 곡물을 손에 넣을 기회가 있었어도 자연스럽게 알곡으로 먹었을 것이다.

조가 주식이 된 이유

조가 주식이 된 데에는 나름의 이유가 있었다. 조는 생육 시기가 짧아 이르면 3개월 만에도 수확할 수 있다. 반년이나 걸리는 벼에 비해 재배 주기가 훨씬 짧다. 게다가 기후 적응성도 뛰어나다. 특히 조는 가뭄에 강해 강수량이 적은 중국 북방에 적합하다. 또 척박한 땅에서도 잘 자라 자연조건이 나쁘고 농업 기술이 낮은 지역에서도 재배할 수 있다. 원시적인 농경밖에 할 수 없던 고대에 조를 선택한 이유도 그 때문이었다.

또 한 가지 이유는 영양이 풍부했기 때문이다. 정백하지 않은 조의 단백질, 지질, 칼슘, 철분, 칼륨, 비타민B의 함유량은 현미보다도 높다. 정백한 조를 정백한 쌀과 비교해보면 앞의 영양소 외에 에너지, 섬유질, 회분, 인, 비타민B, 니아신 등의 수치도 높다. 이 같은 사실이 고대에 과학적으로 밝혀지진 않았겠지만 경험으로도 충분히 알고 있었을 것이다.

콩에도 다양한 종류가 있는데, 대두를 예로 들면 단백질, 지질, 칼슘, 철분, 비타민의 함유량이 조보다 높다. 그러나 가장 큰 문제는 흡수율이 65퍼센트로 낮다는 점이다. 이런 의미에서 주식을 콩이 아닌 조로 선택한 것은 절대 우연이 아니다.

남방의 벼농사 문화

몇 년 새 고고학 발굴로 중국 대륙에 황하 유역 외에도 고도로 발달한 문명이 있었음이 명확해졌다. 이를테면, 장강 유역에 황하 문명보다 오래된 농경문화가 존재했음이 드러났다. 문자로 된 사료史料가 없어 오랫동안 이 사실이 묻혀 있었을 뿐이다.

그 지역에서는 벼를 재배했다. 남방은 황하 유역과 달리 쌀이 주식이었다. 이런 의미에서 보면, 고대 중국문화는 지금까지 알려진 것 이상으로 중층성重層性을 갖고 있다. 단 분식(가루를 내어 먹는 방식)이냐 입식이냐 하는 점에서 본다면 분명 벼는 입식이었다.

소맥(밀)이 언제 중국에 전해졌는가에 관해서는 몇 가지 설이 있다. 고고학자의 발굴 결과, 서주西主 시대에 이미 소맥이 있었다고 한다. 하지만 당시 소맥은 주요 농작물이 아니라 주로 이작裏作(뒷갈이)으로 재배되었다. 맥이 널리 주식으로 사용되었다는 기록이 발견되지 않았기 때문이다. 보리와 밀은 예전에는 각기 다른 한자로 표기했지만, 나중에 합쳐서 '맥麥'으로 표현하게 되었다. 이는 소맥이 주요 작물이 아니었음을 나타낸다. 만일 소맥이 주식이었다면 기록, 통계, 등록 등의 필요 때문에라도 대맥大麥과 분류하여 표기했을 게 분명하다.

가루의 등장

면에 관한 기록

밀가루를 의미하는 '면麵'이라는 글자와 밀가루를 반죽하여 만든 음식을 가리키는 '병餠'이라는 글자 둘 다 한대漢代 문헌에 처음 등장한다. 그보다 이전 문헌에서는 이런 말을 전혀 찾아볼수 없다. 현대 중국에서 '병'은 밀가루를 반죽하여 구운 납작한 빵을 가리킨다. 하지만 한대에는 그렇지 않았다. 밀가루로 만든 음식을 모두 '병'이라 불렀다. 난(밀가루 반죽을 화덕에 구워서 만든 인도의 전통 빵)과 같은 빵류가 아닌 국수나 수제비 같은 음식도 '병'이라고 표현했다.

한대 학자인 사유史游가 기원전 30년경 계몽교재로 쓴 『급취장急就章』에는 '병이餅餌', '맥반麥飯', '감두갱甘豆羹'이라는 음식 이름이 나온다. 그중에 '병이'는 '병'의 가장 오래된 용례다. 물론 '병'이라는 음식 자체는 좀 더 고대로 거슬러 올라갈지도 모른다. 『한서漢書』 '선제先帝' 편에 따르면, 선제(기원전 91~49년)가 즉위하기 전 저잣거리에서 '병'을 샀다는 기록이 있다. 『한서』가 편찬된 시대에 이미 '병'이 있었음을 알 수 있다. 만일, 이 기록이 맞다면 '병'의 성립은 더 윗대로 거슬러 올라간다.

한의 건원建元 2년(기원전 139년)에 장건張騫이 처음 서역을 방문했다가 13년 후인 기원전 126년에 귀국했다. 이 사실로 분식이 장건에 의해 서역에서 들어온 게 아닐까 추측하기도 한다. 확실한 근거는 없지만, 가능성은 충분하다.

『한서』 '식화지食貨志'에 따르면, 한대 중엽 동중서董仲舒(기원전 176~104년)는 농업 생산에 관해 황제에게 다음과 같이 상소했다.

『춘추』는 다른 작물의 생육 상황은 기록하고 있지 않은데, 맥과 조의 수확 상황이 나빴을 때는 전부 기록이 되어 있사옵니다. 그것으로 성인聖人은 오곡 중 맥과 조를 가장 중시하였음을 알 수 있습니다. 그런데 지금 관중關中(현재 섬서성 부근) 사람들은 맥 재배를 좋아하지 않습니다. 이래서는 『춘추』에서 가장 중시했던 작물을 잃고 서민의 생활에 타격을 주게 되오니 폐하는 관련 관리에게 명을 내리시어 관중의 농민에게 월동 맥을 재배토록 촉구할 필요가 있나이다.

원문에는 맥麥이 '숙맥宿麥'으로 기록되었지만, 보리인지 밀인지는 명시되지 않았다. 어느 쪽이든 월동 작물이므로 주 곡물을 수확한 다음에 재배하는 이모작이다. 섬서성 부근에서 맥을 재배하지 않았던 이유는 식량으로 즐기지 않아서일 것이다. 만일 여기서 말하는 '숙맥'에 소맥(밀)도 포함되었다면 이로써 한 가지 중요한 사실을 알 수 있다. 한대 중엽 중국 대륙 서북부에서는 여전히 맥을 알곡으로 먹었다는 사실이다.

고대에는 대맥(보리)이든 소맥(밀)이든 알곡으로 먹는 맥은 질이 낮고 거칠었다. 그래서 가격이 낮고 경제성도 없었다. 만일 소맥(밀)을 분식으로 먹는다면 다양한 조리법이 가능해진다. 분식이 등장한 이후 사람들은 밀가루를 즐겨 먹었다. 따라서 소맥의 수요가 늘고 가격도 올랐음이 분명하다. 농민들이 이유 없이 맥 재배를 꺼리지는 않았을 것이다.

서역과의 왕래와 분식의 시작

동중서董仲舒의 상소는 장건이 서역에 사절로 간 때와 시기적으로 거의 일치한다. 『한서』 '무제기武帝記' 편을 보면, 한의 원수元狩 3년(기원전 120년)에 홍수로 강이 범람한 지역에 월동 맥을 재배하도록 행정지도를 했다는 기록이 있다. 맥은 빈곤 지역이나 재해 시의 식량으로 재배되었다. 보리인지 밀인지는 명시되어 있지 않으나 설령 밀이 포함되었더라도 밀 역시 싸고 검소한 식량이었다. 분식은 아직 나타나지 않았거나 혹은 일부 지역에 알려졌어도 널리 퍼지지는 않았을 것이다.

그러나 기원전 33년경에는 밀가루로 만든 '병'이 당당하게 음식으로 기록되었다. 그 틈은 고작 90년 정도다. 앞서 나온 한 선제의 일화를 생각하면 그 차이는 다시 24~40년으로 축소된다. 즉, 장건이 귀국하고 50년이 채 되지 않아 밀가루 분식이 퍼졌다는 이야기다. 당시 교통수단, 정보 전달에 걸리는 시간으로 따진다면 그 기간은 지극히 짧다고 볼 수 있다. 또한, 절구나 견인기구 등을 개량하는 데 필요한 일자까지 고려하면 분식 기술은 짧은 시간에 비약적인 발전을 이룬 셈이다.

장건이 두 번째로 서역을 방문하고 돌아온 것은 기원전 115년이었다. 방문 중에 그는 대완大宛(현재 페르가나 부근), 당거唐舉(현재 사마르칸드 부근), 대하大夏(박트리아), 신독身毒(고대 인도), 안식安息(파르티아, 현재 카스피해의 동남안 부근) 등의 제국에 부사를 파견했다. 그 부사들이 귀국할 당시 서역 제국에서도 사절들이 잇달아 장안을 방문했다.

분식의 역사는 중앙아시아 쪽이 더 길다. 중국에도 중국 고유의 밀이 있었지만, 분식 문화는 아직 발달하지 않았다. 밀가루의 등장과 보급 시기를 고려하면 생산성 높은 외래종 밀이 분식 문화와 함께 서역에서 들어왔을 가능성이 매우 높다.

보리, 밀 재배의 증가

그러나 밀 분식이 곧바로 퍼졌던 것은 아니다. 앞서 말했듯이 '병餠'이라는 글자가 기원전 30년대에 기록된 후로 '맥麥'은 오랫동안 입식粒食 문화를 고수했다.

전한前漢으로부터 왕위를 빼앗고 신왕조를 세운 왕망王莽은 어느 날 장안長安에 기근이 덮쳤다는 소문을 들었다. 장안의 시장을 관리하던 환관 왕업王業에게 사정을 물으니, 그는 시장에서 파는 '양반육갱梁飯肉羹', 즉 흰쌀밥과 고깃국을 갖고 와 "백성들이 모두 이러한 음식을 먹고 있다"라고 왕망에게 보고했다. 기원후 22년의 일이니 '병'이 문헌에 등장하고 나서 50년이나 더 지난 일이다.

같은 해, 후에 한漢의 광무제光武帝가 되는 유수劉秀가 군사를 일으켜 왕망 정권을 무너뜨렸다. 왕랑王郞을 토벌하던 중에 남궁현南宮縣(현재의 하북서 남궁시 부근)에서 폭풍우를 만났다. 유수는 빈

집에 수레를 끌고 들어오고 부하는 장작을 가져와 불을 지폈다. 부뚜막 앞에서 젖은 옷을 말리는 동안 장교는 맥반麥飯을 짓고 토끼고기를 요리하여 유수에게 바쳤다. 긴급 상황에서의 식사였지만, 조달했던 식량이 알곡의 맥이었던 점을 고려하면, 적어도 농촌에서 상비했던 것은 소맥분(밀가루)이 아니라 알곡 상태의 대맥(보리)이나 소맥(밀)이었을 것이다.

정단井丹이라는 문인은 후한後漢에 고결함으로 이름이 높았다. 왕후 귀족들은 모두 그와 교류하고자 했으나 거절당했다. 어느 날 광무제 비의 동생 음취陰就가 술책을 부려 무리하게 정단을 자택에 초대했다. 황제의 친척이라는 지위를 등에 업고 정단을 모욕할 의도로 처음에는 맥반과 파 이파리만 식사로 내놓았다. 정단이 "제후의 집에서는 고급 음식을 내놓는다고 하여 찾아뵈었거늘 어찌 이리 소박한 음식만 내놓으시는 게요"라고 힐책하자 그제야 진수성찬을 늘어놓았다. 이 기록으로 당시 서민들은 아직 맥반을 먹었으며, 상층 계급에서는 맥반을 소박한 음식으로 여겼음을 엿볼 수 있다.

후한 후기부터 서서히 변화가 일어나 밀 분식이 자연스럽게 증가하기 시작했다. 한 환제桓帝 때(재위 147년~167년) 전쟁으로 피폐해진 농민의 궁핍한 모습을 노래한 동요가 유행했다. 『후한서後漢書』 제23권 '오행지五行志'에 "밀은 청청한데 보리는 말랐구나. 수확하는 이는 시어미와 며느리뿐"(남자들은 모두 서쪽으로 전

쟁에 나갔기 때문)이라는 기록이 있다. 이 동요에서도 밀이 주요
작물이었음을 알 수 있다.

면의 확대

후한 중기 이후에는 밀가루 식품이 더욱 급속하게 퍼져 민간에
서도 일상의 음식이 되었다. 170년에 사망한 최식崔寔은 『사민
월령四民月令』에서 "입추에는 자병煮餅과 수요병水溲餅을 먹으면 안
된다"라고 했다. 자병은 면의 원형으로 추정되고 수요병은 아
마 수제비였을 것이다. 이 기록은 면이 낙양 부근 민간에까지
깊이 침투한 것을 나타낸다. 다만 그 무렵 밀가루가 주식이었
는지는 아직 단정할 수 없다.

『후한서』제63권 '이사열전李斯列傳'에 따르면, 146년에 후한
의 간신 양기梁冀가 수하를 이용하여 8세 황제 질제質帝의 독살
을 도모했다. 질제는 식사 후 갑자기 몸 상태가 나빠지자 제상
이고李固를 궁궐로 불렀다. 이고가 질제에게 원인을 묻자, 그때
까지는 말을 할 수 있었던 질제가 "자병을 먹었는데 지금 위가
거북하다. 물을 마시면 도움이 될 것 같다"라고 답했다. 그때
옆에 있던 양기가 "물을 마시면 토를 하니 마시면 안 됩니다"
라고 막았는데, 질제는 그 말이 채 끝나기도 전에 죽고 말았다.

자병에 있던 독약이 온몸에 퍼진 것이다. 모두 2세기 중엽에 있었던 일이다.

한대 식생활의 여러 모습

중원지역의 작물

중국 문명은 진과 한, 두 시대에 비약적인 발전을 이뤘다. 한대에는 수리水利, 관개灌漑 기술이 향상되어 제철업이 한층 발전했다. 그 결과 농업 생산이나 일상생활에 철기를 많이 사용하게 되었다.

1950년대에 하남성 낙양시 부근에서 수백 기에 이르는 한대 고분이 발굴되었는데, 그 안에서 20종이나 되는 곡물이 출토되었다. 출토 횟수나 양으로 추측할 때 당시 주요 작물은 기장, 보리, 조, 벼, 콩이었음을 알 수 있다. 이 결과는 한대 학자인 조기

趙岐의 오곡에 관한 해석과 거의 일치한다.

주목할 점은 중원지역의 벼 재배다. 본래 이 지역은 강수량이 적어 벼 재배에 그리 적합하지 않았다. 하지만 한대漢代에 들어 북방에서 농업 관개에 우물물을 사용하기 시작했다. 실제로 하남성 부근 비양현泌陽縣에서는 농업 관개용 우물이 많이 발굴되었다. 이런 농업 수리의 발달로 중원지역에서 벼 재배가 가능해졌다. 단, 발굴된 고분이 대부분 귀족이나 관리의 묘였기에 과연 쌀이 어느 정도 보급되었는지는 의문이다. 당시 벼 외에 보리, 기장, 조 등의 작물도 많이 재배했으므로 쌀을 먹지 않는 인구가 오히려 다수를 차지했을 것이다.

마왕퇴 고분으로 알 수 있는 음식

남방은 중원지역보다 벼 재배가 번성하여 쌀 보급률도 높았다. 1970년대에 호남성湖南省 장사시長沙市 부근에서 마왕퇴馬王堆라는 대형 고분이 발굴되었다. 기원전 2세기 무렵 사망한 세 지방 귀족의 묘인데, 식량부터 조리를 끝낸 식품까지 다양한 부장품이 있어 한漢의 식문화를 추정하는 데 중요한 단서를 제공했다.

발굴된 세 기의 묘 중 1호 묘에서만 30종 이상의 식품이 발견되었다. 또 3호 묘에는 40종이나 되는 대나무 상자에 벼, 소맥, 기장, 조, 대두, 소두, 마 등이 들어 있었다. 이 점은 앞에서 접한 하남성 낙양의 사례와 크게 다르지 않다. 밀가루로 만든 '병餠'의 보고는 없는 것으로 보아 당시 밀 분식이 아직 남방까지 퍼지지는 않았던 것으로 보인다.

마왕퇴 고분에는 그 외에도 많은 육식품이 부장되어 있었다. 가축으로는 소, 양, 돼지, 말, 개, 사슴, 토끼 등이 동물 뼈 감정을 거쳐 판명되었다. 조류로는 닭, 꿩, 오리, 집비둘기, 참새, 기러기, 백조, 학에 이르기까지 십수 종류가 출토되었다. 어류는 전부 민물고기로 잉어, 붕어, 쏘가리 등이 있었다.

이 식자재들은 모두 조리된 후 부장되어 발굴 당시에는 원형의 자취는 찾아볼 수 없었다. 부장품인 죽간竹簡에 기재된 조리법으로 대략 유추할 따름이다.

육류로는 간을 하여 말린 고기와 고깃국이 기재되어 있었다. 그 외에 주요 조리법은 '자炙(구이)', '회膾(생고기를 가늘게 자름)', '탁濯(채소와 함께 끓인 고깃국)', '오熬(바싹 마를 때까지 졸임)', '유濡(졸인 후 다시 즙을 넣어 섞음)' 등이 있었다.

그중에서도 국이 많아 해갱醢羹, 백갱白羹, 건갱巾羹, 빙갱苬羹, 고갱苦羹 등 다섯 종류나 된다. 해갱은 말린 고기를 잘게 썰어 누룩과 소금, 술로 조미하여 만든 국이며, 백갱은 쌀가루와 고기를 섞어 만든 국이다. 건갱은 미나리와 고기, 빙갱은 순무잎과 고기, 고갱은 쓴 채소와 고기를 섞어 만든 국이다. 사용한 고기 종류에 따라 다시 '소고기 해갱', '돼지고기 백갱' 등과 같이 다양한 형태의 국이 완성된다. 이 국들은 의례 음식이긴 했지만, 요리 중 주요한 위치를 차지한 것으로 볼 때 선진先秦시대의 식문화와 거의 흡사하다.

생선은 약한 불로 구워 말린 다음 꼬챙이에 끼운 점이 조금 독특하다. 부장副葬을 위해 특별히 조리했는지 아니면 일상적으로 먹던 음식이었는지는 명확하지 않다. 달걀은 그대로 부장되어 당시 어떻게 먹었는지는 알 수 없다.

다른 요리나 조리법을 보면 대부분 그때까지의 사서史書에 이미 나온 명칭이다. 소금, 장(된장), 꿀, 누룩, 식초 등의 조미료도 이전부터 사용했다. 하지만 실물은 전부 부패했기에 어떤 분량으로 어떻게 배합하여 사용했는지는 확실하지 않다.

한대 한관桓寬은 『염철론鹽鐵論』이라는 책을 썼다. 옛날(주나라) 좋았던 시절에 비해 한대의 생활이 얼마나 부패하고 타락했는지 논한 책이다. 저자의 의도와는 달리, 그런 점 때문에 한대의 일상생활에 관해 많은 사실을 엿볼 수 있다.

'산부족散不足' 편은 식문화의 변화를 다루고 있는데, 한대는 옛날보다 식생활이 풍요로웠을 뿐만 아니라 식습관도 크게 변했다고 한다. 이를테면 옛날 사람들은 성장한 가축만 먹었지만, 한대에 들어서는 부드러운 음식을 추구하여 어린 양, 어린 돼지, 어린 새도 먹었다. 게다가 기호도 매우 다양했다. 또 옛날 사람들은 동식물의 성장주기를 배려했지만, 한대에는 그것을 무시하고 봄에는 번식기의 거위를 먹고 가을에는 아직 미성숙한 영계를 먹었다.

채소도 온실에서 재배하여 겨울에도 아욱과 부추를 먹었다. 이천 년 전에 이미 온실재배를 했다고 하면 과장처럼 들리겠지만, 여기에는 명백한 증거가 있다. 한 원제元帝 때(기원전 30년대) 황제의 식사를 관장하는 '태관太官'의 채소밭에서는 겨울에도 파, 부추 등의 채소를 재배했는데, 지붕과 주위를 덮고 잿불로 온도를 높여 생육을 촉진했다고 한다. 『염철론』에는 민간에서 행한 온실재배도 등장한다.

연회 음식에도 변화가 일어났다. 『염철론』의 '산부족'에 따르면, 옛날 마을의 주연酒宴에서는 연로한 사람 앞에 맛있는 요리를 담은 그릇을 여럿 놓고, 젊은 사람은 된장과 고기 요리 한 가지만으로 서서 먹었다고 한다. 한대에 들어서는 손님을 접대하거나 결혼 피로연에 손님을 초대할 때 콩국과 정백한 조, 회와 조리한 고기를 냈다. 연회에는 갈비를 쭉 늘어놓고 굽거나 볶은 음식이 반찬으로 가득 나왔다. 식자재로는 자라, 잉어, 어린 사슴, 어란, 집비둘기, 복어, 칠성장어 등 다양했고, 과일로는 감귤, 필발(후춧과의 풀) 등이 있었다. 조미료도 젓갈, 식초 등 다양했다.

생활 수준이 높아지면서 계층에 따른 차이도 좁혀졌다. 옛날

그림1 번창하는 외식업(후한 시대 양각)

에는 제후들이 제사를 드릴 때만 소고기를 사용했지만, 한대에는 재력 있는 서민도 소고기를 제사에 사용했고 중류 계급도 이전에 사대부가 제사에 사용한 소나 개를 바쳐 신을 모셨다. 예전에는 제사에 콩과 생선밖에 사용하지 않았던 가난한 사람들조차 닭이나 돼지를 바쳤다는 기록도 있다.

외식업의 출현

한대에는 외식업도 탄생했다. 『염철론』 '산부족'은 식당에서 음식을 팔던 모습과 그 음식에 관해 다음과 같이 묘사했다.

옛날(주나라) 사람들은 시장에서 조리한 음식을 팔지도 않고 사서 먹지도 않았다. 가축을 도살하여 팔거나 술과 말린 고기, 생선, 소금 등을 팔았을 뿐이다. 그러나 지금은 조리한 음식을 파는 가게와 노점이 늘어서 있고 고기도 많이 진열해 놓았다. 사람들은 일은 게을리하면서 먹는 것에는 항상 제철의 맛을 요구했다.

상업과 수공업의 발달로 고용 인원이 증가하는 한편, 도시의 확대는 주민과 근무지 사이의 거리를 멀어지게 했다. 직업의 세분화는 외식업을 발달시켰다. 원래 외식업은 여행객을 대상으로 하는 장사였으나, 이 이후에는 상주하는 사람들이 향락과 사교를 위해 이용했다. 특히 상주 직장인의 외식은 외식업의 보급과 거대화를 의미하는 중요한 일이었다.

사천성 팽현彭縣의 분묘에서 후한 시대 양각이 출토되었는데, 여기에는 당시 번창했던 외식업이 멋지게 그려져 있다(그림1).

판매되던 음식을 보면 다양한 식자재와 다양한 조리법이 있다. 돼지고기는 불로 굽고, 부추는 달걀과 함께 조리했다. 개고기는 졸인 후 얇게 썰고, 말고기는 국에 넣었다. 생선은 냄비에 기름을 둘러 가볍게 튀기고, 간은 데쳐서 조각으로 썰었다. 닭은 먼저 된장에 데친 후 접시에 담았다. 양은 소금에 절이고 가축의 위는 말리고, 어린 양은 졸였다. 콩은 달게 조리하고 병아리와 기러기는 국으로 만들었다. 그 외 건어물, 박, 고급 곡물, 통돼지구이 등도 있었다.

위 요리에서 볼 수 있듯이 저잣거리의 다양한 음식점과 노점, 반찬 가게에서는 꽤 많은 요리를 만들어 일대 외식 시장을 형성했다.

현대와 달리 한대의 상차림은 1인용 한 상이었다. 이 점에서는 선진先秦 시대와 다르지 않다. 한대 사람들은 신발을 벗고 방에 들어가 자리 위에서 생활했는데, 식사 때는 '안案'이라는 상을 사용했다. 상 위에 밥이나 요리를 담는 그릇과 접시를 뒀다. 식기는 칠기를 많이 사용했다. 칠기 국자와 숟가락이 있는 것도 주목할 만하다. 음식을 덜 때는 국자를 사용했고 숟가락은 밥을 뜨는 데 사용했다.

교자, 분식의 기적

명확한 듯 모호한 정의

'교자'라고 하면 누구나 쉽게 그 이미지를 떠올릴 수 있지만, 막상 교자를 정의하려면 의외로 막막하다. 현대의 교자는 대략 물교자, 찐교자, 군교자 세 종류로 나뉜다(한국에서 일반적으로 만두라고 부르는 것을 중국에서는 교자라고 한다. 중국에도 '만두'가 있는데 우리나라의 찐빵과 더 비슷하다 — 편집자). 이들은 모두 조리법을 근거로 한 분류법이고, 교자피의 관점에서 본다면 한 종류를 추가할 수 있다. 바로 얌차이 풍의 새우교자다. 통틀어서 '교자'라 해도 피의 재료나 만드는 법이 전혀 다르다.

중국에서는 지역에 따라 모양도 소도 상당히 다르다. 교자라고 하면 대부분 반달 모양을 떠올리지만, 중국 동북 농촌에는 춘권처럼 원통형도 있고 같은 반달 모양이라도 주름을 잡은 것과 잡지 않은 것이 있다. 북방은 대부분 주름을 잡지만 장강 이남 지역에서는 주름을 잡지 않은 교자도 종종 눈에 띈다.

보통 교자는 발효피를 쓰지 않는데, 피를 발효시켜 교자 크기로 만든 것을 삼각포三角包라고 한다. 이 삼각포는 문화대혁명 이전에 증교蒸餃라는 명칭으로 노점에서 팔렸다. 달리 인증서가 필요한 것은 아니니 본인들이 교자라고 부르면 교자가 된다. 이와 반대로 아무리 봐도 교자인데 어느 특정 지역에서는 다른 명칭이 붙어 있는 경우도 있다. 그런 의미에서 교자는 정의가 불가능하다. 따라서 교자에 관해 생각할 때 특수한 예나 개별 예는 제외하는 수밖에 없다. 여기서는 어디까지나 대다수 사람이 교자라고 인정하는 식품을 대상으로 한다.

물교자, 찐교자, 군교자는 모두 밀가루를 피로 사용한다. 물 혹은 식염수를 밀가루와 혼합한 후 반죽하여 만든다. 지역에 따라서는 익반죽하기도 한다. 이른바 탕면교자燙麵餃子, 탕면증교燙麵蒸餃이다. 옛날에는 밀가루 가공기술이 지금처럼 발달하지 않았는데 익반죽을 하면 피를 상당히 얇게 늘릴 수 있었다. 보통 물교자는 피가 얇고 찐교자와 군교자는 조금 두껍다.

하지만 얌차이 풍의 새우교자는 피가 상당히 다르다. 밀가루와 타피오카 전분을 섞은 피를 사용하는데, 타피오카 전분이 없으면 밀가루만 사용하기도 한다. 이 재료로 만들어 찌면 피가 반투명해져 한눈에도 소맥분 교자와는 다르다. 피가 잘 찢어져 삶기도 굽기도 어려워 찜통에 넣고 찌는 게 일반적인 조리법이다. 재료를 구하기 어려운 데다 밑 손질에 손이 많이 가서 일반 가정에서는 잘 만들지 않는다.

교자 소 역시 지역과 사람에 따라 큰 차이가 있다. 다만, 물교자나 찐교자 혹은 군교자에 따른 차이는 거의 없다. 기본적으로 다진 고기와 채소만 있으면 된다. 물론 한쪽만 있어도 상관없다. 채소는 주로 배추와 부추를 사용하지만, 지역에 따라 양배추나 청경채, 드물게는 오이를 사용하기도 한다. 양배추와 부추 두 가지 채소를 모두 사용하는 사람도 있다.

양념으로는 파를 넣는데 마늘을 넣지 않는 것은 어느 지역이나 같다. 소는 재료가 많이 들어갈수록 맛있으므로 북방에서는 고기와 채소 외에 당면이나 두부를 넣기도 하고, 남방에서는 건새우나 표고를 넣기도 한다. 해물교자는 새우나 관자를 사용하고 회족 사람들은 돼지고기 대신 소고기를 사용한다. 채소만 넣은 교자는 정진 요리 전문점에는 나오지만 일반 가정에서는 매우 드물다.

교자인지 아닌지를 판별하려면 소보다는 오히려 피와 싸는 법을 봐야 한다. 이를테면 완탕과 교자는 구별이 명확해 보여도 꼭 그렇지는 않다. 교자피는 둥근 데 반해 완탕피는 사다리 꼴이다. 하지만 시판용 교자피로 완탕을 만든다면 애초에 구분 자체가 어렵다. 물교자는 삶아서 그대로 접시에 담아 먹는데 반해 완탕은 간을 한 국물에 넣어 먹는 점이 크게 다르다. 하지만 교자피로 완탕처럼 만들어 완탕 국물에 넣으면 보통의 완탕으로 취급하여 교자피를 사용했는지 어떤지조차 구분하기 어렵다. 실제로 완탕피가 모자라면 이 방법을 자주 사용했다. 다만, 수제 교자피로는 완탕 같은 모양을 내기 어렵다.

이와 반대로 완탕피로 교자처럼 만들어 조리하면 똑같이 교자로 취급하지만, 반달 모양을 내기 어려워 실제로는 아무도 그렇게 하지 않을 것이다.

현대의 교자를 봐도 알 수 있듯이 이 음식은 매우 다양하고 다채롭다. 이 부분은 교자의 기원을 생각할 때도 하나의 참고가 된다.

수수께끼 같은 교자의 기원

교자는 언제 생겨났을까? 이 물음에는 ("아직 답할 수 없다"라기보다) 원래 정답이 없을지도 모른다. 교자 같은 음식은 하룻밤 새 만들어진 것이 아니다. 긴 역사 속에서 서서히 발전해 왔다. 그 기원이나 개량도 의식적으로 이뤄진 면이 있는가 하면 우연한 결과도 있을 것이다. 애초에 기원은 하나가 아니며 여러 시행착오를 거쳐 완성되었다. 그래서인지 지금까지 교자의 기원에 관한 논고가 적지 않다. 아오키 마사루青木正兒의 『애병여화愛餅余話』, 장염명張廉明의 『면점사화面点史話』에서 잠깐 언급하지만, 이 음식의 내력이나 발전에 관해 정면으로 논한 자료는 거의 보이지 않는다. 이번 항목에서는 지금까지의 성과를 조명하면서 되도록 전면적으로 검토해보고자 한다.

교자의 기원을 생각할 경우 완탕의 변천도 눈여겨볼 필요가 있다. 또한, 문자 자료만이 아닌 고고학적 발굴 성과와 그림 등도 검증해야 한다. 일단 사료를 보면 찐교자와 물교자는 거의 같은 계통임을 알 수 있다. 하지만 군교자는 찐교자나 물교자에서 진화했다기보다 소병燒餅 계통에서 진화했다고 봐야 한다. 이 문제는 다음에 다루기로 한다.

진의 속석束晳은 『병부餅賦』에서 농상뇌환籠上牢丸, 탕중뇌환湯中牢丸을 묘사했다. 같은 진의 노심盧諶이 쓴 『잡제법雜祭法』에도 봄축제에 사용되는 음식으로 뇌환이 나온다. 아오키 마사루는 속석의 『병부』 내용을 근거로 "양고기와 돼지고기를 가늘게 저미며 생강, 다진 파, 계피, 산초, 목란 분말로 양념하고 소금과 메주로 간한 소를 아주 얇은 피로 싸서 찜통에 찐 후 간장에 찍어 먹는다"라고 그 제조법을 설명하며 농상뇌환이 지금의 슈마이가 아니었을까 추정했다. 탕중뇌환은 명의 『정자통正字通』에 나오는 내용을 근거로 물교자로 추정했다.

아오키 마사루의 설은 흥미롭지만, 농상뇌환이 슈마이라는 설은 긍정할 수 없다. 탕중뇌환은 끓는 물에 삶기 때문에 피가 붙어 있었을 것이다. 농상뇌환도 뇌환이라는 명칭에서 본다면 모양이 둥글고 피가 붙어 있었을 것이다. 그런데 슈마이는 피가 붙어 있지 않다. 속석이 『병부』에서 묘사한 것과 합하여 생각하면 농상뇌환은 찐교자라고 보는 게 합당하다.

왜 농상뇌환이 찐교자이고 고기만두가 아닐까? 이렇게 추정하는 데는 이유가 있다. 『병부』는 만두와 뇌환을 다른 음식으로 기록했기 때문이다. 속석이 이 둘을 나눈 이유는 아마 발효 여부 때문이 아닐까? 뇌환의 피가 매우 얇은 것도 발효와 관련이 있다. 조금이라도 요리 경험이 있다면 발효하지 않은 소맥분 반죽은 두꺼운 만큼 딱딱하고 식감이 좋지 않음을 알 것이다. 이 때문에 피를 얼마나 얇게 하느냐가 맛을 좌우한다.

아오키 마사루도 인용했듯이, 구양수欧陽脩(1007~1072년)는 『귀전록歸田錄』에서 "뇌환이 무엇인지 이제 알 수 없게 되었다"라고 했다. 그러나 송뿐만 아니라 성당(713~766년)에서 중당(766~835년) 무렵에도 이미 농상뇌화, 탕중뇌환은 사라지고 없었을 거라 생각한다. 이유인즉 맹호연(689~740년), 이백(701~762년), 사보(712~770년), 왕유(701~761년)의 시 어디에도 뇌환이라는 말이 나오지 않는다. 『유양잡조酉陽雜俎』에 농상뇌환, 탕중뇌환이 나오지만, 저자인 단성식段成式(803~863년)은 중당에서 만당에 걸친 인물이다. 그런데 단성식과 거의 동시대 인물인 원진元稹(779~831년), 한유韓愈(768~824년) 유우석劉禹錫(772~843년), 이하(790~816년)의 시에도 뇌환은 보이지 않는다. 음식이 왕성하게 등장하는 백락천白樂天(772~846년)의 시에서조차 전혀 나오지 않는다.

그렇다면 왜 『유양잡조』에는 농상뇌환과 탕중뇌환이 나왔을까? 단성식이 쓴 『유양잡조』의 책명은 양 원제의 『방유양지일전訪酉陽之一典』에서 따온 것으로, 옛날에는 있었으나 지금은 사라진 음식의 예로 농상뇌환과 탕중뇌환을 든 것뿐이다.

출토된 실물과 사료의 공백

하지만 당대에 이미 교자가 있었음은 분명한 사실이다. 중국 신장 위구르 자치구인 투루판(토로번)에는 아스타나 고분군이 있는데, 1986년 9월에 이곳 공사 현장에서 새로운 고분이 발견되었다. 9월 22일부터 10월 2일까지 고고학자의 조사가 시작되어 8개의 고분이 발굴되었다. 그중 2개의 고분에서 교자 8개가 사발에 담긴 상태 그대로 발견되었다. 사발 하나당 한 개 혹은 두 개로, 크기는 길이 5.7센티미터 폭 2.4센티미터이다. 같은 고분에서 고창연화高昌延和 12년(613년)의 문서가 발견된 것으로 보아 수 말기 혹은 당 초기의 고분임을 알 수 있다. 고분 안에 음식명을 나타내는 문서는 없었으나 흔히 "현존하는 최고最古의 교자"라고 불린다.

이 최고의 교자에 관해서는 약간씩 기록의 차이가 있다. 투루판박물관 팸플릿에는 "출토된 교자는 전부 4개이며 길이 4.7센티미터, 폭 약 2.4센티미터, 원재료는 밀가루, 옅은 황색, 모양은 현재의 교자와 같다"라고 나와 있다.

2004년 6월 24일 중국국가박물관과 광주시가 주최한 '미식배미기전美食配美器展'이라는 명칭의 전람회가 광주시 서한남월황박물관에서 개최되었다. 수많은 귀중한 전시품 중에 앞서 말한 교자가 있다. 전람회 측 설명으로는 이것이 가장 오래된 교자의 실물이며 당대 묘에서 출토되었다고 한다. 또한 처음 봤을 때는 옅은 황색이었던 교자가 2004년이 되자 "탄화가 진행되어 전체가 거무스름해졌다"고 한다(인민일보 2004년 6월 24일 일간).

박물관 직원의 말을 인용하면, 교자의 소는 고기였는데 현지는 기후가 건조하고 비가 거의 내리지 않아 매장한 후 금세 수분이 흡수되어 소와 피가 썩지 않고 오늘날까지 남을 수 있었다고 한다. 출토 당시에는 옅은 황색이었는데 왜 거무스름하게 변했는지에 대한 설명은 없다.

아무튼 이 매장품이 결정적인 증거가 되어 당대에 이미 교자가 있었음이 밝혀졌다. 물론 교자의 탄생은 더 옛날로 거슬러 올라갈지 모르지만, 현재로서는 그 증거를 찾아볼 수 없다.

이 투루판박물관에 있는 교자가 찐교자인지 물교자인지 사진만 봐서는 아직 단정하기 어렵다. 앞서 말했듯이 투루판박물관 팸플릿에는 "길이 약 4.7센티미터, 폭 약 2.4센티미터"로 앞에 나온 보고서보다 크기가 작다. 왜 차이가 나는지도 설명이 없다. 건조로 인해 만들어진 때보다 발굴 당시의 크기가 약간 줄었다고 해도 현재의 교자에 비해 한참 작다. 물교자가 찐교자보다 통상 작은 것을 생각하면 이 교자는 물교자였을 가능성이 크다.

하지만 왜 당대에 교자가 있었음에도 백락천의 시를 비롯하여 당대 시에는 교자가 등장하지 않았을까? 이는 두 가지로 생각할 수 있다. 하나는, 당시 교자라는 명칭이 속어여서 시 운필에는 어울리지 않아 시어로 사용하기 어려웠다는 점이다. 이 난제는 시어의 수사법을 활용하면 극복할 수 있다.

또 하나는 음식의 지역성이다. 즉 투루판 지역에는 이미 교자가 있었지만 문화 중심지인 장안을 비롯하여 황하 중하류 지역에는 아직 전해지지 않았던 게 아닐까?

비교하자면, 전자보다 후자 쪽이 더 가능성 있어 보인다. 실제로 단공로段公路는『북호록北戶錄』'식목食目'편에서 북제 안지추의 말을 인용하여 "지금의 혼돈餛飩은 모양이 반달 모양과 같아서 천하의 통식通食이다"라고 하였다. 이 혼돈이 반달 모양이라는 대목에 주목해야 한다. 혼돈은 시대에 따라 우동과 오늘날완탕의 의미로도 쓰이기 때문이다. 우동은 말할 것도 없고 완탕도 반달 모양이 아니다. 모양만 생각한다면 안지추가 말한혼돈은 오늘날의 완탕이 아닌 교자 혹은 교자 모양의 딤섬일것이다.

『청이록清異録』에는 당대 위거원의 식단이라 일컫는 음식 목록이 실려 있다. 여기에 '생진이십사기혼돈生進二十四気餛飩(화형함료각이花形餡料各異, 범이십사종凡二十四種)'이라는 구절이 나온다. '화형花形'이라고 말한 것으로 보아 혼돈이라는 말은 시대에 따라 더 넓은의미로 사용되었을 것이다.

혼돈이라는 보조선을 그으면 교자의 내력은 놀랄 만큼 명료해진다. 남송의 임홍林洪이 편찬한 『산가청공山家清供』 '춘근혼돈椿根餛飩'편에는 당대 시인 유우석의 저근혼돈법樗根餛飩法이 실려있다. 이 기록에 따르면, 혼돈 피를 만들 때 가죽나무 뿌리를 빻아 체에 걸러 밀가루와 섞으면 설사와 요통에 잘 듣는다고 한다. 출처는 명시되어 있지 않지만, 임홍의 기록으로 보아 유우석의 시대에는 혼돈이 있었던 셈이다. 다만, 현존하는 유우석의 시를 비롯하여 당대 시에서는 혼돈이라는 말을 찾아볼 수없다.

그렇다면 유우석이 말하는 혼돈이 오늘날 완탕일 가능성도 있을까? 원대 『거가필용사류전집』의 '혼돈피'라는 항목에는 혼돈 만드는 법이 상세하게 나온다.

밀가루 한 근에 소금 반 량을 탄 냉수를 섞어 젓는다. 뭉친 상태에서 조금씩 물을 첨가하면서 병을 만들 때처럼 치대어 2시간 정도 재운다. 다시 치대다가 떼어낸 후 뭉쳐 콩가루를 묻힌 방망이로 가장자리를 둥글고 얇게 밀어 소를 채우고 물을 묻혀 붙인다.

솥에 물이 펄펄 끓을 때 하나씩 넣고 불은 세게 유지하되 가끔 찬물을 끼얹어 끓어 넘치지 않게 한다. 다 익으면 꺼낸다. 소는 고기든 채소든 상관없다.

예전에 혼돈이라 부르던 음식은 오늘날 교자임이 이 기록으로 거의 증명되었다. 첫째, 완탕은 면 반죽처럼 간수를 넣지만 교자피는 간수가 아닌 소금을 넣는다. 둘째, 완탕의 피는 사다리꼴이나 교자피는 원형이다. 셋째, 교자를 만들 때는 소를 넣은 후 피를 붙이지만 완탕은 먼저 붙이고 나서 비튼다. 넷째, 완탕은 꼭 국물에 넣어 먹는 데 반해 물교자는 솥에서 꺼내 그대로 먹되 식초 등을 찍어서 먹는다.

물론 여기서 말하는 완탕피와 교자피 만드는 법 차이는 현대의 이야기다. 다만 『거가필용사류전집』의 기록을 봐도 알 수 있듯이 예전의 혼돈이라는 명칭이 물교자를 지칭한 것임은 거의 틀림없다. 그렇다면 유우석이 말한 혼돈이 교자인 것도 이 기록으로 추측할 수 있다.

다만, 원대에도 이미 지금의 완탕 같은 음식이 있었다는 점이 조금 걸린다. 원대 예운림倪雲林의 『운림당음식제도집雲林堂飲食制度集』에 '자혼돈법煮餛飩法'이라는 항목이 있다. 소 만드는 법은 생략했으나 피는 "조금 두껍고 작게 사각으로 자른다"라고 소개했다. 싸는 법을 다루지 않아 모양은 알 수 없지만, 사각피라는 점이 후세의 완탕과 같다. 이와 관련해서도 좀 더 검토할 여지가 있다.

명칭에 현혹되지 않는다

다음은 군교자의 기원에 관해 생각해보자. 군교자의 역사는 찐교자나 물교자에 비해 길지 않다. 『산가청공山家清供』 '승육협勝肉餤'이라는 항목에 다음과 같은 기록이 나온다.

죽순과 버섯을 삶아 함께 넣고 잣과 호두를 더한 후 술, 간장, 향신료를 섞는다. 이것을 밀가루 반죽으로 싸서 만든다.

만드는 법만 봐서는 찐교자인지 물교자인지 군교자인지 구분이 되지 않는다. 완탕일 가능성도 있다. 하지만 『중궤록中饋錄』을 읽으면 '협자餡子'가 군교자임을 알 수 있다.

남송의 『중궤록』 '유협자방油餡子方' 편에 "가루를 반죽하고 소를 싸서 '협아餡児'를 만든다. 기름에 익을 때까지 굽는다. 소는 육병 만드는 법과 같다"라는 내용이 나온다. 현재도 군교자 만드는 법은 사람에 따라 조금씩 다르며 정해진 법칙은 없다. 평평한 팬에 기름을 두르고 가볍게 구운 후 물을 넣고 뚜껑을 덮어 8~10분 정도 굽는 것이 일반적인 조리법이다. 『중궤록』에는 간략하게 쓰여 있지만, 기름으로 굽는다는 점에서 지금의 군교자와 같다. 피를 발효시키지 않고 고기를 소로 사용한 점 역시 마찬가지다.

군교자의 기원을 이야기할 때 '각아角児'를 빼놓을 수 없다. 앞서 나온 『거가필용사류전집』에도 비슷한 음식이 나온다.

밀가루 한 근에 향유(참기름) 한 량을 넣어 섞은 다음 뜨거운 물을 조금씩 가늠하면서 붓고 봉으로 저어 끓는 물에 넣고 익힌다. 그것을 솥에서 퍼내어 펼친 후 식힌다. 식으면 얇게 밀어서 피를 만들고 소를 넣어 싼 후 술잔으로 눌러 반달 모양으로 만든다. 그렇게 만들어진 각아를 기름에 굽는다. 연회에 제공할 때는 한 사람당 네 개로 한다.

정확히 어떤 음식이었는지는 불분명하지만, 반달 모양이라는 점에서 현재의 군교자와 비슷하다.

각아는 모양을 기준으로 한 분류법이므로 '각아'라는 이름이 붙은 음식이 반드시 교자인 것은 아니다. 『거가필용사류전집』에는 '타봉각아駝峰角児', '낙면각아烙麵角児'가 나온다. 전자는 돼지기름이나 양기름 혹은 버터로 밀가루를 반죽한 것이고, 후자는 밀가루를 익반죽한 것으로 양쪽 모두 화로에 구워 비교적 오래 간다. 오늘날 기준으로는 '건딤섬' 종류일 것이다. 타봉각아는 오늘날 백화점 식품 코너에서 파이류로 판매되는 제품과 비슷하며, 교자와는 전혀 다른 계통의 음식으로 취급된다.

『몽양록夢粱録』권16 '훈소종식점葷素從食店'에는 '아미협아鵝眉夾児', '금정협아金鋌夾児', '강어협아江魚夾児' 등의 음식명이 나온다. 매원욱梅原郁이 "협아, 협식 혹은 협이라고 한 음식은 모두 얄팍한 두 장의 병 사이에 샌드위치 모양으로 소를 넣은 것으로 생각된다"라고 해석했지만, 『중궤록』의 '유협자방'을 봐도 명확하지 않다. '협아'는 아마 '협자'와 똑같이 반달 모양 음식일 것이다. 피 사이에 소를 끼우지 않고 피로 붙인 것이다.

마지막으로 얌차이 풍의 투명한 피 교자인데, 이런 종류는 교자로 취급하는 사례가 적고 역사도 깊지 않다. 이 얌차이 풍 새우교자는 언제부터 있었을까? 요리 관련 사료를 보면 의외로 그리 새로운 것은 아니다. 명대 고렴高濂의 『음찬복식전』에

'수명각아법水明角児法'이라는 항목이 있고, 『양소록養小錄』에 나오는 수명각아도 거의 같은 내용이다. 후자를 만드는 법은 다음과 같다.

> 밀가루 한 근을 천천히 끓는 물에 넣고 중탕하듯이 젓는다. 10~20개 정도의 덩어리로 갈라 냉수에 담가 새하얗게 될 때까지 뒀다가 짚 위에 얹어 물기를 뺀다. 콩가루와 섞어 얇은 피를 만든다. 소를 싸서 찜통에 찌면 매우 맛있다.

이러한 제조법은 원대 『거가필용사류전집』에도 이미 나온다. '박만두薄饅頭', '수창각아水晶角児', '포자등피包子等皮' 만드는 법도 실려 있다.

> 고운 밀가루 한 근 반을 끓는 물에 조금씩 뿌리듯이 넣으면서 계속 손으로 저어 걸쭉하게 만든다. 이것을 꺼낸 후 10~20개 정도의 덩어리로 나누어 냉수에 담가 눈처럼 하얘질 때까지 둔다. 다시 꺼내어 탁상에 펼치고 물기를 뺀 후 고운 콩가루 열세 량을 함께 반죽하여 피를 만들고 소를 싸서 찜통에 넣고 강한 불로 찐다. 찌는 중간중간 두 번 정도 물을 끼얹고 솥을 내린다. 상에 낼 때는 다시 가볍게 물을 뿌려서 낸다. 소는 만두소와 같다.

교자피가 아닌 얇은 만두 등에 사용하는 반죽법이다. 이 반죽법은 분량까지 정확히 기록하여『음찬복식전』이나『양소록』보다 실용적이다. 밀가루와 콩가루를 섞어 완성된 피는 반투명이다. 오늘날 얌차이 풍 새우교자는 콩가루를 사용하지 않지만 아마 유래는 같을 것이다.『몽양록』권16 '훈소종식점'에 '수정포자水晶包子'라는 음식이 있는 것으로 보아 같은 종류의 피가 늦어도 송말에는 이미 있었을 것이다. 다만,『음찬복식전』에서는 달달한 소를 넣는다.

교자의 역사를 살펴볼 때 각 시대의 명칭에 현혹되어서는 안 된다. 앞서 말했듯이 찐교자와 물교자는 각각 농상뇌환, 탕중뇌환으로 거슬러 올라가지만, 당대의 명칭은 아직 명확하지 않다. 혼돈이나 그 외의 명칭으로 바뀌었을 가능성이 크다. 송대에 군교자가 등장하며 찐교자는 각아, 협아, 군교자는 협자로 불리게 되었다. 명대 무렵부터 교이, 분각 등의 새로운 명칭이 생겨나고 청대에 이르러 수교, 교자 등 현재와 같은 명칭이 생겼다.

역사 속에서 교자의 명칭이 항상 명확했던 것은 아니다. 앞서 말했듯이 혼돈餛飩, 혼돈餛飩 등으로 불린 적도 있고, 방언으로 또 다른 명칭이 있었을지도 모른다. 청의 설보진薛宝辰은『소식설략素食説略』'병餠' 편에서 군교자를 다루며 "소를 넣은 반죽을 냄비에 넣어 물을 붓고 구운 것을 북경에서는 호점鍋貼, 섬서에서는 수율포자水津包子라고 부른다"라고 증언했다. 청에 이르러서도 교자가 포자로 불린 것은 놀랄 만한 일이다. 같은 책에는 물교자에 관해 "남방에서 말하는 수각자는 북방의 수교자다"라는 구절이 나온다.

원매의 『수원식단』 '수교' 편에 "고기를 싸서 교자라고 부르며 물로 찐다. 북경에서는 이를 편식扁食이라 하고 원단에서는 자손박박孫博博이라고 한다"라는 내용이 나온다. 편식은 물론이고 박박이 교자의 별칭인 것은 거의 알려지지 않았다.

흥미롭게도 같은 교자임에도 『수원식단』에는 '덤블링顚不棱'이라는 명칭을 쓰는 대목이 있다. 원매는 광동에 갔을 때 "덤블링을 먹으니 매우 맛있었다"라고 했는데 당시 교자가 영어식 발음으로 불렸던 점은 의외다. 또한 『수원식단』에서는 문교文餃를 "소주蘇州식이다. 버터로 밀가루를 반죽하여 고기소를 싸서 교자로 만든다. 구워서 익힌다. 항주에서는 속칭 아미교라고 한다"라고 설명했다. 즉, 앞서 나온 『몽양록』권16 '훈소종식점'의 아미협아는 아마 아미교의 전신일 것이다.

이상을 봐도 교자는 시대에 따라서도, 지역에 따라서도 명칭이 다름을 알 수 있다. 명칭에 현혹되지 않고 사용한 재료와 만드는 법에 착안해야 한다. 현대 역시 교자류의 명칭이 반드시 같지는 않다. 모양도 소의 재료도 지역에 따라 다른 경우가 드물지 않다.

마지막으로 교자의 기원이 중국인지 아니면 외래인지 다뤄보자. 결정적인 증거는 아직 없으니 지금 시점에서는 모든 설이 추정과 가설의 영역을 벗어나지 않지만, 필자는 외래설에 무게를 두고 싶다. 투루판에서 당대의 교자가 출토된 것은 이미 말했지만, 그 교자가 역사상 가장 오래되었다고 단정해서는 안 된다. 소맥, 대맥, 연맥(귀리) 모두 중근동 지역이 원산이다. 메소포타미아 평야 근처에서는 기원전 500년에 소맥 재배가 시작되었다고 한다. 이에 비하면 중국의 소맥 재배는 훨씬 늦다. 게다가 중국에서는 소맥이 이모작 동계작물로 재배되어 서아시아나 중앙아시아만큼 생산고가 높지 않다. 보통 주식인 곡물은 역사가 길수록 그 곡물을 사용한 음식의 종류도 많다. 만일 소맥분 반죽으로 소를 싼 것이 교자의 원형이라면 교자의 루트는 서아시아나 중앙아시아에서 서아시아 토루코에 이르기까지 광범위한 지역에 있다. 교자의 유래에 관해서는 아직 불명료한 부분이 많아 앞으로의 고고학적 발견과 새로운 사료의 발견을 기대하는 바이다.

제3장

❈

식탁의 빅뱅

호병의 변천

2,000년 전의 양식, 빵의 등장

사서史書의 기록을 단서로 분식이 확대된 과정을 거슬러 올라가면 빵을 먹기 시작한 시대가 명확해진다. 기원전 30년대 문헌에 나오는 '병餅'이 면 종류였다는 것은 앞에서 다뤘지만, 빵 종류인 '병', 즉 평평하고 둥근 빵이 나타난 것은 한대 후기다.

피자나 난과 비슷한 형태의 '병'은 원래 서역에서 들어온 음식으로 '호병胡餅'이라 불리는 얇고 둥근 빵이 대표적이다. 『속한서續漢書』에 따르면, 한 영제靈帝가 호병을 좋아했고, 낙양 귀족 사이에서도 호병이 크게 유행했다. 영제는 호기심이 강해 유목

민족의 문화와 풍습에 상당히 심취해 있었다. 이것이 후세 책에는 한 왕조가 소수민족에게 멸망하는 전조로 종종 거론된다. 『속한지』의 기록도 그런 뉘앙스인데, 호병을 좋아하는 것은 이 민족에 정신적으로 항복하는 것이라고 말한다.

그러나 이 음식이 어느 민족으로부터 중원에 전해졌는지는 명확하지 않다. 밀가루를 반죽하여 구운 빵인 것은 알려졌지만, 한대 문헌에서는 만드는 법을 찾을 수 없다. 한의 류희劉熙가 지은 『석명釋名』에 "호병 위에 참깨가 있다"라는 기록이 나온다. 류희는 후한 말기에 사망했으므로 그가 살아 있던 시대에는 호병 위에 참깨가 뿌려져 있었음을 엿볼 수 있으나 그 외는 알려진 것이 없다.

빵을 굽는 호병로胡餅爐

『제민요술齊民要術』 '병 만드는 법'에 '호병로胡餅爐'라는 말이 나온다. 이 '로爐'를 이용하여 '수병髓餠'이라는 빵을 만들었는데, 반죽을 뒤집지 않고 호병로 안에 넣어 구웠다고 한다. 하지만 호병로가 어떤 것이며 수병이 어떤 형태였는지는 알 수 없다.

현대 중국에 '지마소병芝麻烧饼'이라는 음식이 있다. 밀가루를 발효시켜 실파를 넣고 구운 평평한 빵이다. '지마'는 중국어로 참깨란 뜻이다. 빵 표면에 참깨가 뿌려져 '지마소병'이라 불린다. 노릇노릇하게 구워진 지마소병은 밀가루의 구수한 향과 참깨의 고소한 향이 나며 속은 부드럽고 겉은 바삭바삭해 지금도 서민에게 인기 있는 음식이다. 짜고 단 두 가지 맛이 있는데, 대부분 아침에만 먹는다.

『제민요술』을 잘 읽어보면 '호병로'는 현대의 '소병로燒餠爐'와 매우 비슷함을 알 수 있다. '지마소병'을 굽는 화로는 외형이 30센티미터 정도지만, 바닥 지름은 60센티미터 정도다. 화로 바닥 부분에서 숯을 피워 그 열로 '로爐'의 안쪽이 뜨거워지는 구조다. '소병'은 반죽을 '로' 안쪽에 붙여 빵 표면이 약간 비스듬하게 아래쪽을 향한 채 오븐에서 구워진다. 이 방법은 『제민요술』의 '수병' 굽는 법과 같다. 뒤집으면 안 되는 점도 동일하다. 수병은 호병의 일종이라 생각되므로 육조시대의 호병도 현재의 지마소병과 거의 같았을 것이다.

사서에 등장한 호병

호병은 한대에 나타났지만, 각 지역으로 퍼진 것은 후한 말기에서 삼국시대 초기다. 왕찬王粲의 『영웅기英雄記』에 따르면, 후한의 장군 여포가 군사를 이끌고 승씨성乘氏城이라는 마을에 이르렀을 때 마을 유지인 이숙절의 동생이 소를 잡고 만 장이나 되는 호병을 구워 술잔을 높이 들며 군사를 환대했다고 한다. 이미 빵을 널리 먹었고 호병로가 상당히 보급되어 있었으므로 한 번에 많은 양의 호병을 만들 수 있었던 것이다.

문화의 중심지뿐 아니라 벼 재배 지역에도 호병이 전해졌다. 『진서晉書』권82 '열전列傳52'에는 이런 내용이 나온다. 왕장문王長文이라는 자는 학문이 매우 뛰어났지만, 행정부가 임명했음에도 불구하고 임관을 계속 거부했다. 그 후 고향을 떠나 성도成都에 몸을 숨겼는데, 어느 날 저잣거리에서 호병을 먹다가 발각되었다.

후에 왕장문은 양친을 부양하기 위해 마침내 곧은 뜻을 굽히고 태강연간太康年間(280~289년)에 벼슬길에 올랐다. 당시는 교통수단이 한정되어 촉나라 성도는 도읍인 낙양에서 상당히 멀었는데도 벼 재배 지역인 촉까지 '호병'이 전해진 것이다.

당대唐代에 호병은 더욱 사람들의 사랑을 받으며 일상의 음식이 되었다. 755년 안록산安祿山이 반란을 일으켰고, 이듬해 당 현종은 촉으로 도망갔다. 도중에 함양咸陽 집현궁集賢宮에 이르렀지만 점심 무렵이 되어서도 아무것도 먹지 못했다. 『자치통감資治通鑑』 '현종기玄宗記'에 따르면, 양귀비의 재종 오라비 양국충楊國忠이 이때 직접 호병을 사와 현종에게 바쳤다고 한다. 호병이 어디서든 살 수 있는 서민 음식이었다는 증거다.

시에 등장한 호병

772년에 태어나 846년에 사망한 백락천白樂天은 <기호병여양만주寄胡餅與楊萬州>라는 시에서 다음과 같이 묘사했다.

胡麻餅樣 學京都호마병양 학경도

麵脆油香 新出爐면취유향 신출로

寄如餅嚵 楊大使기여병참 양대사

嘗看得似 輔興無상간득사 보홍무

이 참깨병은 경도京都풍으로 만들어져

화로에서 바로 꺼내니 바삭바삭 기름내가 고소하구나.

먹고 싶어 하는 귀한 님 양대사에게 바치나니

그대의 고향 보홍輔興의 호병 맛과 비슷한지 맛보소서.

이 시에 나오는 보홍輔興을 보홍방輔興坊으로 보고 '상간득사 보홍무嘗看得似 輔興無'를 "보홍방에서 만든 호병과 맛이 비슷한지 봐주시오"라고 해석한 사람이 있다. 이 설은 주금성이 『백거이전교白居易箋校』에서 "보홍은 장안 보홍방의 호병 가게인가"라고 해석한 데서 온 것일지도 모르지만, 『백거이전교』에서도 그럴 가능성이 있다고만 할 뿐 단정하지는 않았다. 또한 『백거이전교』의 해석을 확대하여 "보흥방은 장안에서 가장 유명한 호병 가게"라고 말한 사람도 있는데, 이를 증명할 근거는 없다.

당대 장안 거리는 바둑판 눈처럼 조성되어 있었다. 장방형의 주택구역은 '방坊'이라 하고 주위는 벽으로 둘러싸여 있었다. 원대 이호문의 『장안지도』 권상에는 "방마다 모두 네 개의 문이 있고 그 안은 십자 거리가 펼쳐진다"라는 기록이 있다. 1950년대 이후의 고고학적 발견도 이 같은 구조를 증명한다.

방은 비교적 넓은 구역으로 마치 성안의 성과 같았다. 송대 송민구宋敏求가 편찬한 『장안지長安志』 권10 '당경역서唐京城四' 편에 따르면 황성 서쪽 제1가에서 북쪽 제1방을 수덕방修德坊, 남쪽을 보흥방輔興坊이라 칭했다고 한다. 경운 원년 당 예종의 딸인 서성공주와 창륭공주가 출가했을 때 예종은 공주들을 위해 보흥방 동남쪽과 서남쪽에 각각 '금선녀관관金仙女冠観'과 '옥정녀관관玉貞女冠観'이라는 두 개의 이사尼寺(여승들이 사는 절)를 건립했다.

보흥방은 황성 가까이에 있어 마차의 왕래가 끊이지 않을 만큼 번화가였다. 북쪽 수덕방의 원래 이름은 정안방이었으나 후에 측천무후가 직접 수덕방이라 명칭을 변경했을 정도로 역대에는 황족과도 연이 깊은 지역이었다.

장안은 원칙적으로 '방시분리'이다. 성안의 상업 지역은 동시와 서시로 한정되어 점포는 이 동시와 서시 안에서만 열 수 있었다. 보흥방은 황족과 벼슬아치들이 주로 왕래하는 곳으로 이 구역에 점포를 차리기란 사실상 불가능하다. 하물며 호병 가게처럼 백성이 이용하는 상업 시설이 궁궐 바로 앞에 있었을 가능성은 거의 없다. 백번 양보하여 만일 보흥방에 호병점의 영업이 허락되었다면 넓은 '방'에 가게가 여럿 있었을 테고 저 마다 풍미도 달랐을 것이다. 백거이가 '방'이란 명칭으로 호병 의 종류를 표현했다고 생각하기 어려운 이유다.

그렇다면, '상간득사 보흥무'라는 구절은 어떻게 해석해야 할까? 작가 미상의 『삼보황도三輔黃図』에 "삼보는 주작중위 및 좌내사, 우내사 이 세 관직을 의미한다. 한漢 문제文帝는 이 관직 명을 경조윤, 좌평익, 우부풍이라는 명칭으로 바꾸었다. 이 세 관직은 모두 장안을 관리했는데, 이를 삼보라고 한다"라는 기 록이 나온다. 여기서 유래하여 후에 삼보는 장안 지구를 지칭 하게 되었다.

『삼보황도』는 문자와 그림으로 장안의 유적을 기록한 책으 로, 당 원교가 편찬한 『삼보구사三輔旧事』와 청의 장주張澍가 편찬 한 동명의 책도 모두 장안 지역의 지리를 기술했다. 일본 학자 오카무라 시게루는 이를 근거로 백거이의 시에 등장하는 '보' 를 '삼보'로 해석했다. 오카무라 시게루의 고증에 따르면 '흥 興'은 산시성 관중부 랴양현의 지명이다. 또한, 이 흥을 양만주 의 고향으로 보았다. 지명의 고증을 근거로 '상간득사 보흥무'

의 한 구절을 "이 호병의 맛은 당신 고향의 호병과 어떻게 다르오? 맛있게 드시오"라고 해석했다.

오카무라 시게루의 해석은 매우 설득력이 있다. 다만, 보홍을 고향보다는 장안 일대로 해석하는 편이 타당할 듯하다. 백거이는 사천에서 시를 썼기 때문에 시 첫 행에서 "이 호병은 장안의 제조법으로 구웠다"라고 명확히 밝혔고 마지막 구에서는 이와 대등하게 "(장안의 호병은 유명하고 당신 또한 장안, 관중 일대의 사람이다. 그렇다면) 이 호병이 '고향'의 맛과 같은지 맛을 보는 게 어떻소"라고 말했을 것이다. 첫 행에서 이미 '도都'라는 말을 사용했기에 마지막 행에서 말을 바꾸어야 해서, 범위를 조금 넓혀 보홍이라는 말을 사용한 게 아닐까? 수사법으로 봐도 이 해석은 합당하다.

호병은 지방에 따라 저마다 특색이 있고 물론 맛도 같지 않다. 9세기 중엽에 장안을 방문한 일본 승려 엔닌의 『입당구법순례행기入唐求法巡礼行記』 '개성육년정월육일' 편에 '입춘절, 사사호병, 죽시행호병, 속가개연'이라는 구절이 나온다. 현대어로 해석하면 "입춘에 절에서 호병을 하사하신다. 죽을 먹을 때 호병을 승려들에게 나눠준다. 승려가 아닌 이들에게도 마찬가지다"라는 의미이다.

이 기록으로 알 수 있듯이 호병은 당시 승려에게도 일반인에게도 일상적인 음식이었다. 한말에서 이미 500년 정도가 지났으나 이 음식의 명칭은 아직 옛날 그대로다. 다만, 당대에는 이미 호胡라는 말에 차별적인 의미가 사라졌다.

주식으로 등극하다

발효법의 등장

현대 중국에서 북방은 밀가루가 주식이고 남방은 쌀이 주식이다. 밀가루는 언제 중원지역에 정착했을까? 확실한 연대는 알수 없지만 기록만 두고 보면 밀가루는 후한 중기부터 많이 먹기 시작해 삼국시대에 북방지역에서 정착했을 것이다. 입식이아닌 분식이 주식이 되려면 빵이나 만두처럼 발효가 전제되어야 한다. 발효시킨 밀가루는 소화도 잘되고, 식감도 좋다. 면처럼 발효시키지 않고 먹는 분식은 주식이 되기 어렵다.

밀가루를 언제부터 발효시켰는지는 확실하지 않다. 이삼천 년 전에 이미 발효를 했다는 설도 있지만, 설득력 있는 근거는 제시되지 않았다. 만두의 기원도 삼국시대에 제갈공명이 맹획孟獲을 치러 갈 때 사람 머리를 제사에 바쳐야 한다고 하자, 밀가루 반죽으로 소고기, 돼지고기, 양고기를 싸서 사람 머리 모양으로 만들어 쪘다는 설이 가장 일반적이지만, 이 역시 속설에 지나지 않는다.

진의 제상 하증何曾은 사치를 좋아하여 옷이나 수레가 호화의 극치였고 온갖 미식을 찾아 누리는 것도 제왕에 비해 나으면 나았지 떨어지지 않았다. '증병蒸餅(찐빵)'은 부풀려 표면이 십자十로 갈라지지 않으면 먹지 않았다고 한다. 발효시키지 않은 밀가루 음식은 굽든 찌든 부풀어올라도 갈라지지 않는다. 따라서 하증이 먹었던 것은 효모균을 넣어 발효한 빵일 것이다. 그는 278년에 사망했으므로 3세기에 이미 발효 기술이 있었음을 추측할 수 있다.

이스트 제법의 기록

밀가루 발효법이 기록으로 확실히 남아 있는 그보다 조금 후인 동위東魏(534~550년) 시대다. 가사협賈思勰은 『제민요술』 '식경食經의 병효법餅酵法'에서 발효 순서를 다음과 같이 썼다.

산장酸漿 한 말을 바짝 달여 일곱 되를 만든다. 멥쌀 한 되를 불에 공들여 저어 죽을 만든다.

효모의 원료인 산장은 조나 쌀을 발효시킨 것이다. 이러한 액상 이스트 사용법에 대해 "6월에 일 석의 밀가루를 반죽하려면 '효소'를 두 되 넣고 겨울에는 네 되를 넣는다"라고 설명한다. 『식경』에 나오는 이스트 제법製法이라고 미리 말한 것으로 보아 발효법은 좀 더 시대를 거슬러 올라간다. 유감스럽게도 『식경』은 이미 사라지고 없어 기록 연대도 명확하지 않다.

산장 만드는 법은 다음과 같이 소개했다.

삼월 청명절 전야에 밥을 짓는다. 닭이 울기 시작하면 익힌 더운밥을 항아리 안에 거의 찰 때까지 담는다. 며칠 있으면 쉰다. (중략) 삼사일이 지날 때마다 새로 지은 밥 한 그릇을 넣어 겹쳐둔다. 장을 뜰 때마다 상태에 따라 냉수를 새로이 더한다.

이것이 현존하는 가장 오래된 이스트 제법이다. 그런데 이보다 훨씬 간단한 제법도 있다. 현재 중국 북방에서는 보통 이스트를 구매하지 않고 직접 만드는데, 제조법이 지극히 간단하여 아무 기술도 필요 없다. 먼저 밀가루를 물에 개어 액상에 가까운 부드러운 반죽을 만든다. 달걀 정도 크기의 반죽을 그대로 두면 반죽 안 유산균이 자연 발효하여 효모가 된다. 이 제조법은 힘도 안 들고 비용도 안 드는데 무슨 이유에서인지 『제민요술』에서는 언급이 없고, 오히려 조나 쌀을 사용한 어려운 발효법을 소개한다. 이유는 명백하지 않지만 아마 누구나 할 줄 아는 방법은 기록할 가치가 없다고 생각해서가 아닐까?

제단에 오른 빵

분식이 위진魏晉 때 정착했다는 또 다른 증거로는 진대晉代에 밀가루로 만든 음식을 제사의 제물로 사용했다는 점을 들 수 있다. 한대 사서에도 밀가루 음식, 이를테면 '병'이 여기저기 조금씩 보이지만, 제물로 사용했던 기록은 아직 나타나지 않는다.

하지만 진대晉代(289~420년)에 이르러 큰 변화가 일어났다. 진의 노심盧謀이 지은 『집제법雜祭法』에는 다양한 밀가루 음식이 선조의 제사 제물로 쓰였다는 기록이 있다. 이 책에 따르면, 봄 제사에는 만두饅頭, 당병餳餅, 수병髓餅, 뇌환牢丸 등을 사용하고, 여름, 가을, 겨울도 마찬가지다. 단 여름 제사에는 그 외에 '유병乳餅'을, 겨울 제사에는 '환병環餅'도 사용했다.

민간뿐 아니라 황실 제사에도 '병'을 사용했다. 『남제서南齊書』 권9 '지제일·예상志第一·禮上'에 따르면, 영명永明 9년(491년) 정

월에 황제는 태묘太廟의 사시제四時祭를 지내도록 하고 죽은 선제
宣帝께 '면기병麵起餅'과 오리국을 공양했다. 선제가 생전에 그 음
식을 좋아했던 게 이유겠지만, '병'을 바치는 풍습이 있었던 것
도 또 다른 이유다. '면기병'은 밀가루 발효식품이다. 『남제서』
에 있는 이 기록은 시대적으로 노심의 『잡제법』보다 조금 늦지
만 '병'이 민간의 제사뿐 아니라 궁궐을 포함한 모든 계층의 제
사용 음식으로 인정받고 있었음을 엿볼 수 있다.

다양한 밀가루 음식

『잡제법』에 기록된 '당병'은 밀가루를 반죽하여 만든 단맛의
과자로, 구웠는지 쪘는지는 확실하지 않다.

　'수병' 만드는 법은 『제민요술』 권9 '병 제조법'에 상세히 기
록되어 있다. 먼저 소의 척수 지방과 꿀을 합해 밀가루에 섞어
반죽한 후 두께 사오 분分(1분은 약 0.3센티미터), 지름 육칠 촌寸(1촌
은 약 3.3센티미터) 크기로 만든다. 이것을 '호병로' 안에서 구워
숙성시킨다. 이렇게 하면 식감이 부드러워지고, 오래 보존할
수 있다. '뇌한'은 '뇌구牢九'라고도 하는데 앞에서 이야기했듯
교자 같은 것이다. '유병'은 유제품이지만 재료와 제조법은 명
확하지 않다.

『제민요술』권9 '병 제조법'에 '세환병細環餅' 항목이 있다. 물과 꿀로 밀가루를 반죽하여 만드는데 꿀이 없으면 땅콩을 쪄서 만든 즙을 대신 사용하거나 소나 양의 기름으로도 가능하고 우유를 사용해도 좋다. 그렇게 완성된 '백환병白環餅'은 바삭바삭하여 맛이 좋다고 한다. 다만 구체적인 조리법은 나오지 않는다. '세환병'과 '환병'은 아마 같은 종류의 음식일 것이다.

후세의 문헌에 따르면, 환병은 다른 '병' 종류와 다르다. 먼저 밀가루를 반죽하여 가늘고 긴 띠 모양으로 만든 후 다시 묶어서 기름에 튀긴다. 현재도 '산자饊子' 혹은 '유산자油饊子'라고 불리며 장강 하류 지역 등에서 널리 먹고 있다.

일본의 『습유집拾遺集』 '권칠물명券七物名' 415번에 '환병糫餅'이 나오는데, 쌀가루나 보릿가루를 익혀 얇게 편 것을 각각의 형태로 구부려 기름에 튀긴 과자라고 한다. 아마 대륙의 '환병'에서 왔겠지만, 중국에서도 쌀가루를 사용했는지는 알 수 없다. 단, 지금은 쌀가루를 일절 넣지 않는다.

제물과 주식의 관계

제사에 주식을 사용하는 것은 어느 문화나 같다. 그 대상이 신이든 선조든 중국의 제사는 토속 신앙이나 신화적 세계에 대한 겸허함을 가지고 눈앞의 질서에 절대적으로 복종할 것을 요구한다.

특히 선조에게 드리는 제사는 의례 안에서도 일상적인 서열 관계를 존중하여 예법이나 감정 표현 등 평소 사회적 규범이 절대 무너지지 않는다. 이를테면, 향 피우는 순서, 복장, 상징적인 동작 등 어느 정도 과장된 부분은 있어도 상식의 범위를 벗어나지 않는다. 제사에서 모시는 선조는 초월적인 성격을 띠면서도 일시적으로 가족의 일원으로 돌아온다는 것을 바탕으로 제를 올린다. 따라서 제단에 올린 음식은 제사를 지내는 사람들이 일상적으로 먹는 음식이어야 하고 실제로 제사 후에는 그 음식을 나눠먹었다.

죽은 선조를 신격화하고 그에게 제물을 바치는 것은 신과 인간 사이에 꼭 필요하고 중요한 절차다. 제물이 없으면 인간과 신 사이에 교류가 성립하지 않는다. 그런 의미에서 인간에게 드리는 제사에서도 가장 중요한 음식을 바치는 게 당연했다.

기장 같은 식량은 예부터 제사에 사용되었다. 앞에서 살펴봤듯이, 『예기』에도 제사에는 백기장, 황기장을 사용해야 한다는 기록이 있다. 그러나 밀가루로 만든 음식을 제단에 올린 것은 훨씬 후의 일이다. 이전에도 밀가루를 재배하기는 했지만, 제사에는 사용하지 않았다. 분식이 식생활에 침투하고 제사에서 제물의 주역이 된 것은 밀가루가 공동체 생활 속에서 중요한 위치를 차지하며 주식의 하나로 정착했기 때문이다.

주식의 전환

진晉의 범왕范汪이 지은 『제전祭典』에 밀가루 음식을 제사에 사용하고, 특히 겨울 제사에는 '백환병'을 사용했다는 기록이 있다. 이 부분은 『잡제법』과 일치한다.

입식에서 분식으로 옮겨간 것에 관해서는 위魏의 동훈이 지은 『문례속問禮俗』에 귀중한 증언이 남아 있다. 문답 형식을 취한 이 책에서, 어떤 사람이 "칠월 칠석은 길한 날인데 왜 음식이 고대와 다릅니까?"라고 물었다. 이에 동훈은 "칠월에는 기장이 알곡을 맺고 칠일은 홀수이니 (기장) 죽을 귀히 여겼다. 그런데 지금 북방 사람들은 오로지 탕병湯餅과 면만 준비하여 죽은 볼 수 없게 되었다"라고 답했다.

동훈은 『옥함산방집일서玉函山房輯佚書』에 위나라(220~265년) 사람으로 나와 있지만, 후한(25~220년) 사람이라는 설도 있다. 확실한 것은 알 수 없지만, 3세기에 태어난 인물임에는 거의 틀림없다. 아마 그는 입식에서 분식으로 바뀌는 과정을 직접 경험했을 것이다.

『잡제법』을 쓴 진의 노심은 285년에 태어나 351년에 대위大

魏의 황제인 염민冉閔에게 처형당했다. 따라서 4세기 전반에 『잡제법』을 집필했으리라 추정된다. 『제전』을 지은 범왕은 진의 학자로 301년에 태어나 365년에 사망했다. 『제전』의 편찬 시기는 『잡제법』과 거의 같다. 어느 것이든 4세기에 들어와 밀가루 음식이 제사 때 훌륭한 제물이 되었음을 알려준다. 제사와 주식의 관계를 고려하면 밀가루가 중국 북방에서 주식이 된 것은 그보다 좀 더 이전일 것이다.

유목 민족의 요리가 전해지다

양고기 찜구이의 기원은 북방에서

삼국시대와 육조시대에 꽤 많은 '호식胡食'이 중원지역에 전해졌다. 특별히 외래 요리라고 명시하지 않거나 아예 기록에 없는 것도 적지 않지만, 『제민요술』에 북방 민족에게서 전해진 요리라고 명기한 것만 해도 대여섯 종류나 된다. 특히 그중에서도 양고기 요리가 많은 사랑을 받았다.

『제민요술』 권9 '찜·찜구이(밀폐된 용기 속에 재료를 넣고 열을 가해 찐 요리)' 편에 '호포육胡炮肉(양고기 찜구이)'이라는 음식의 조리법이 다음과 같이 나온다.

한 살가량 된 살찐 새끼 양을 잡아 고기는 얇게 저미고 비계도 잘게 썬다. 여기에 발효된 콩, 소금, 파 뿌리, 생강, 산초, 후추로 양념하여 간을 조절한다. 양의 위는 깨끗이 씻어 얇게 저민 고기와 비계를 채워 넣고 잘 꿰맨다. 구덩이를 파고 불을 지펴 흙이 달아오르면 숯을 꺼낸다. 고기를 채운 양의 위를 구덩이에 넣고 숯으로 덮어 그 위에 다시 불을 지핀다. 1석(180리터, 약 144킬로그램)의 쌀이 끓을 정도의 시간에 (요리가) 완성된다.

이 요리는 아주 고소하고 맛이 좋아, 삶거나 구운 것과는 비교가 되지 않았다고 한다. 『제민요술』에서는 이 요리가 딱히 이민족에게서 전해졌다고 설명하지 않는다. 그러나 당시 '호胡'라는 수식어가 붙은 것은 거의 서역이나 북방 민족과 관련이 있다. 이러한 용어 습관을 고려하면 '호포육' 역시 이민족으로부터 전해진 고기 요리라는 의미일 것이다.

조리법도 하나의 증거다. 호포육을 만들 때는 냄비를 일절 사용하지 않는다. 일정한 곳에 터를 잡고 생활했던 중원지역에서는 이러한 조리법을 사용할 필요가 없었다. 유목 생활을 하지 않으면 발견할 수 없는 조리법이다.

현대 중국에는 이 요리법이 전해지지 않고 나 역시 실제 맛본 적은 없다. 그러나 비슷한 요리법은 있다. '걸식계乞食鷄'라는 요리다. 닭을 연잎에 싸서 진흙을 발라 통째로 구운 요리로 항주의 명물 요리 중 하나지만, 그 기원을 거슬러 보면 이민족에게서 전해진 요리의 남방 버전일지도 모른다.

호갱

국은 중국에서 가장 오래된 요리 중 하나다. 연회나 축제에 빠질 수 없는 음식일뿐더러, 선진先秦 시대에 반드시 제사에 올랐던 대표적인 요리였다. 『제민요술』 권8 제76에 '호갱胡羹'이라는 요리명과 함께 자세한 조리법이 나온다. '호'는 당연히 오랑캐, 즉 이민족을 의미한다. 다른 요리는 오리국, 닭국, 토끼국처럼 재료명이 사용되는데 호갱胡羹과 강자羌煮만은 다른 명명법을 취한다. 당시로는 막 전래된 새로운 요리였음을 의미한다.

호갱의 주재료는 양고기다. 양 등심 6편片(북위에서는 1편이 약 440그램), 양고기 4편에 물 4되를 넣어 끓인다. 익기 시작하면 등심을 꺼내어 썰고, 총두葱頭 1편, 고수 1량(약 27.5그램), 석류즙을 몇 홉 넣어 간을 하면 완성이다. 총두는 파로 보는 설과 양파로 보는 설이 있다.

이 요리의 명명법이나 사용된 총두의 양으로 볼 때 적어도 이 총두가 보통의 파는 아닐 것이다. 단순한 양고기 국이라면 이전에도 있었기 때문이다. 이를테면 『전국책』 '중산책'에 양갱¥羹이라는 말이 나오고, 더 이전에도 양고기로 국을 끓여 먹었다. '호갱'의 조리법도 특별히 다른 점은 없다. 『제민요술』에서 이를 굳이 이민족으로부터 전해진 국이라고 했던 이유는 양고기를 색다른 채소나 새로운 양념을 사용해 지금까지 없던 조합으로 끓인 국이기 때문이다.

호갱의 재료를 보면 고수가 향신료로 포함되었다. 고수는 원문에서 '호안胡荽'이라고 했듯이 원래 서역에서 들어온 채소다. 또 『박물지博物志』에 따르면, 석류도 서역에서 온 과실이다. 하지만 고수와 석류를 사용했다는 이유만으로 이민족에게서 전해진 새로운 요리라고 간주하기는 어렵다.

양고기 4킬로그램에 총두가 0.5킬로그램 가까이 사용되었다는 점에 주목하자(전후 문장에서는 총두의 단위가 '편片'이 아니라 전부 '승升'이다). 조금이라도 요리를 해봤다면 알겠지만, 총두를 이만큼 썼다면 양념이 아닌 채소로 사용했을 것이다. 어쩌면 양파일 수도 있다. 어느 쪽이든 새로운 채소 혹은 그때까지 없던 조합으로 양고기와 함께 조리한 음식임은 분명하다.

소·양 통구이

맥적貊炙(소·양 통구이)은 강자羌煮와 함께 위진 때 중원지역에 전해진 양식洋食이다.『염철론』'산부족'에도 나왔지만,『진서』권 27에도 이 요리가 한때 매우 유행하여 귀족, 관리, 서민에 이르기까지 즐겨 먹었다는 기록이 있다. 다만 자세한 조리법에 관한 기록은 없다.『석명釋名』에 "(양을) 통째로 구워 칼로 잘라 먹는다. 이민족인 맥족에게서 전해진 요리다"라는 기록이 있을 뿐이다. 굽는 조리법을 사용해서 그런지 육조시대에 들어서는 그다지 외래 요리로 인식하지 않았던 것 같다.『제민요술』권9 제80 '굽는 법'이라는 장에는 육류 굽는 법이 많이 소개되는데, 이민족의 요리로 취급하지 않는다. 소등심구이나 양, 돼지, 집비둘기, 오리구이 모두 그러하다. 그런데 맥적 만드는 법은 나오지 않는다. 조리법이 간단해서 소개할 필요가 없어서인지 아니면 이미 유행이 지나서인지는 알 수 없다.

현재는 광동요리에 속하는 통돼지구이도『제민요술』에 나온다. 북방에서 먹던 요리가 북방에서는 사라지고 오히려 남방의 명물 요리로 전해지다니 정말 신기할 따름이다.

한족에게 전해진 이민족의 식문화는 그대로 흡수된 것도 있고 긴 세월 속에 변형되거나 도태된 것도 있다. 현재도 남아 있는 음식으로는 호병(구운 빵), 호반(얇은 빵으로 요리를 싼 음식) 등이 있다. 한편 강자나 호갱은 요리 자체는 사라졌지만 조리법은 형태를 바꾸어 후세의 식생활에 스며들었다.

일본에서는 생선구이가 일상적인 요리다. 그러나 현대 중국

대부분 지역에서는 생선구이를 먹지 않을뿐더러 음식점 메뉴에서도 전혀 찾아볼 수 없다. 하지만 고대 중국은 달랐다.『제민요술』권9 제80 '굽는 법'에 상세한 생선구이 조리법이 나온다. 생선 통구이, 꼬치구이, 토막 구이뿐만 아니라 오리고기를 생선 배 안에 넣어 굽는 등 복잡한 조리법도 있었지만, 어느샌가 생선구이는 이유 없이 식탁에서 자취를 감췄다. 고기 꼬치구이도 마찬가지다. 현대 중국에는 가정에도 음식점에도 꼬치구이라는 메뉴가 없다. 양고기 꼬치구이는 훌륭한 중화요리였는데 지금은 신강新疆 위구르족의 요리가 되었다.『제민요술』에 다양한 꼬치구이가 소개된 것은 완전히 잊혔다. 오랜 역사 속에서 이민족의 요리를 받아들이는 한편, 원래 있던 조리법이 자취를 감춘 것은 흥미로운 일이다.

사슴 머리 요리

강자羌煮(사슴 머리 요리)의 주재료는 사슴 머리와 돼지고기다. 사슴 머리를 삶아 물에 헹군 뒤 손가락 두 개 크기로 썬다. 돼지고기는 저며 사슴 머리 고기와 섞어 끓인다. 파 뿌리를 2촌 정도 크기로 잘라 얇게 저민 생강과 감귤 껍질을 섞어 산초, 식초, 소금, 발효된 콩을 적당히 넣으면 완성이다. 사슴 머리 하나에 돼지고기 2편을 사용한다.

『진서』권27 '지 제17 오행 상志第十七 五行上'에 따르면, 이 요리
는 두 가지 이유로 한때 도성에서 매우 유행했다고 한다. 하나
는 재료의 진기함과 새로운 조리법이다. 중원지역에서는 옛날
부터 사슴고기를 먹었지만, 그때만 해도 사슴 머리를 '강자'처
럼 맛있게 조리하지 못했다. 강족羌族에게서 전해진 이 사슴 머
리 요리는 중원지역의 진미가 되었다.

또 한 가지 이유는 특권 계층의 생활을 흉내 낼 수 있는 계층
의 등장 때문이었다. 사슴 머리는 식자재로서는 양이 한정되었
고, 강자를 만드는 데에도 손이 많이 갔다. 바꾸어 말하면 이 요
리를 먹는다는 것은 사회적 지위가 높음을 상징했다. 현대인이
제비집이나 상어지느러미 요리를 맛보고 싶어 하는 것과 마찬
가지로 당시 사람들은 부와 사치의 상징으로 강자를 맛보고 싶
어 했고, 이런 심리가 유행에 일조했다.

호반

앞에서 말한 것은 조리법이고, 식사법을 소개한 기록도 있다.
『제민요술』에는 '호반胡飯' 먹는 법이 나온다.

신 오이지를 가늘게 채 썰어 구운 돼지 비계, 생채소와 함께

'병', 즉 얇게 구운 빵에 싸서 꼼꼼하게 만다. 두 개를 나란히 놓고 세 토막으로 잘라 여섯 토막을 만든다. 하나의 길이는 2촌(약 6.6센티미터)을 넘지 않는다. 먹을 때는 '표제飄韲'라는 양념에 찍어 먹는다. 표제는 잘게 썬 호근胡芹과 여뀌를 식초에 담가 만든 것이다. '호근'은 '야경향野茴香'이라는 별칭도 있는데, 아마 파슬리의 일종일 것이다. '호胡'라는 글자로 알 수 있듯이 이것도 서역에서 전해진 양념이다.

'호반'은 후한 말기인 168년에서 189년 사이에 이미 중원지역에 전해졌다. 사서에 한 영제가 이 음식을 매우 좋아했다는 기록이 있다. 면을 먹을 때 식초를 뿌리면 소화에 좋다고 한다. 지금도 중국에서는 발효시키지 않은 면이나 교자, 병을 먹을 때 자주 식초를 뿌린다. 이를 토대로 추측하면 호반의 얇은 빵도 발효되지 않았을 것이다.

흥미롭게도 호반은 지금도 일상적인 음식이다. 시간이 지나면서 마는 법과 내용물이 바뀌었고 지역에 따라 조리법도 다르지만, 밀가루로 얇은 빵을 만들어 뭔가를 싸서 먹는다는 점에서는 다르지 않다. 북경오리를 전병에 싸서 먹는 것도 호반의 영향이다.

북경의 서민은 입춘에 춘병이라 불리는 아주 얇은 빵을 먹는 풍습이 있다. 취향에 따라 다양한 육류나 채소를 넣고 말아 먹는다. 발효시키지 않은 낙병烙餅도 외형은 비슷하다. 북방뿐 아니라 상해 등 남방에도 비슷한 음식이 있다. 밀가루에 물을 개어 걸쭉하게 반죽한다. 프라이팬에 기름을 두르고 반죽을 부어 얇게 구워낸다. 여기에 된장을 바르고 튀긴 빵을 넣어 말아서 먹는데, 서민의 아침 음식으로 사랑받고 있다.

제4장

❖

개고기를
먹을 것인가 말 것인가

기원전 770년~기원전 221년 ●	**춘추전국시대**	春秋戰國時代
기원전 206년~220년 ●	**한대**	漢代
221년~589년 ●	**위진·남북조시대**	魏晉·南北朝時代
581년~618년 618년~907년 ❀	**수당시대**	隋唐時代
960년~1279년 ●	**송대**	宋代
1271년~1368년 ●	**원대**	元代
1368년~1644년 ●	**명대**	明代
1636년~1912년 ●	**청대**	淸代

개고기가 사라진 이유는?

사라진 개고기

당대에 위거원韋巨源이 지은 『식보食譜』에는 '소미연燒尾宴'이라는 호화로운 연회 메뉴가 나온다. 모든 요리가 당시로는 매우 진기한 것들로 57종이나 이름을 올리고 있다. 구체적인 조리법은 명시되지 않았지만, 나열된 요리명으로 어떤 재료를 사용했는지는 거의 유추할 수 있다. 고기 요리로는 닭고기, 양고기, 돼지고기, 소고기 요리 외에 당나귀 찜, 토끼탕, 사슴 혀 구이, 메추라기 구이에서 너구리, 집오리, 개구리 요리까지 다양하다. 그런데 개고기 요리는 보이지 않는다. 실수로 빠트린 것일까, 요리명을 몰라서일까? 이를 검증하려면 동시대 이외의 책을 살펴봐야 한다.

당의 은성식殷成式이 편찬한 『서양잡조西陽雜俎』 권7 '주식酒食'에는 요리와 과자를 포함한 127종의 음식이 나온다. 『식보』와 마찬가지로 소고기, 돼지고기, 양고기로 만든 요리 외에 곰고기 찜, 오랑우탄 입술, 오소리 구이 같은 특이한 요리까지 갖췄다. 하지만 역시 개고기는 찾아볼 수 없다.

『서양잡조』는 요리책이 아니므로 요리명을 거론할 때 치우침이 있을 수도 있다. 그렇다면 좀 더 시대를 거슬러 많은 요리와 조리법을 기록한 『제민요술』을 살펴보자.

『제민요술』 권9 제81에는 개고기 요리가 확실히 기록되어 있다. 이 기록에 따르면 '견접犬牒'이라는 요리가 나오는데, 대략 다음과 같이 만든다.

개고기 30편(1편은 약 440그램)에 밀 6되, 탁주 6되를 넣고 끓여 국물을 따르고 버리기를 세 번 반복한다. 다시 밀과 탁주를 3되씩 넣고 끓여 고기와 뼈가 분리되면 찢어 놓는다. 달걀 30개를 고기에 고루 섞어 달걀이 마르면 도기 시루에 쪄서 익힌다. 돌로 눌러 하룻밤이 지나면 꺼내 먹을 수 있다.

이 『제민요술』의 기록에는 이해할 수 없는 부분이 있다. 농작물 재배법이나 가축 사육법은 물론이거니와 상당히 많은 요리와 다양한 조리법, 식품 가공법까지 자세히 기록했는데 개고기 요리는 이 한 가지밖에 나오지 않는다. 이마저도 이미 사라지고 없는 『식경』에 실렸던 요리를 다시 소개한 것이다. 즉, 오래된 요리책에 있었지만, 그때까지 알려지지 않은 것을 다시 기록한 것에 지나지 않는다. 다른 육류, 이를테면 닭국이나 양찜, 혹은 소, 사슴 양념구이 등 일반적인 요리는 모두 소개하고 있는데 개고기는 완벽히 빠졌다. 『제민요술』에 기록된 육류 가공 및 조리 용례 중 가장 많은 것은 돼지고기와 양고기로 각각 37종과 31종이나 된다. 그에 비해 개고기는 극단적으로 적다. 이는 중국문화의 수수께끼 중 하나다.

신석기시대부터 가축이었던 개

개의 식용 역사를 한번 돌아보자. 중국에서는 옛날부터 개를 먹는 습관이 있었다. 고고학 발굴에 따르면, 신석기시대 유적에서 개 뼈가 많이 발견되었다. 중원, 즉 황하 중류 유역뿐 아니라 황하 상류에서 장강 중하류 지역에 이르기까지 폭넓게 볼 수 있는 현상이다.

또한 개는 가축으로도 사육되었다. 기원전 4500년에서

2500년까지 약 2,000년간 이어진 앙소문화仰韶文化는 황하 중류 유역에 자리했다. 그 유적에서 멧돼지, 개, 돼지, 양, 소 등의 뼈가 출토되었지만, 가축으로 인정된 것은 개와 돼지뿐이다. 앙소문화의 뒤를 이어 기원전 2300년에서 1800년까지 약 500년간 이어진 용산문화龍山文化에는 사육하는 가축이 늘어 소, 양, 산양이 더해진다. 황하 상류 지역에서는 마가요문화馬家窯文化(기원전 3100~2700년) 유적에서 소, 양, 돼지, 개의 뼈가 출토되었다. 단, 사육인지는 확인되지 않았다. 다음 시대인 제가문화齊家文化(기원전 2,050±155~1916±155년)에는 돼지, 개, 양, 소, 말을 사육했던 것으로 판명되었다.

장강 유역의 절강성 영파浙江省 寧波, 소흥紹興 일대 평원에 분포했던 하모도문화河姆渡文化는 기원전 4400년에서 3300년까지 이어졌는데, 이 유역에서도 돼지와 개 두 종류의 가축 뼈가 발견되었다. 기원전 3100년에서 2200년까지 이어진 양저문화良渚文化에는 물소와 양이 나타난다. 남북을 막론하고 개는 신석기시대에 넓은 지역에서 가축으로 사육되었다.

물론 개가 가축이었다고 반드시 식용으로도 쓰였다고는 말할 수 없다. 그러나 신석기시대에 출토된 가축 뼈의 빈도를 종류별로 비교하면 개가 상위에 들어 있음을 알 수 있다. 내몽골, 동북, 화북, 서북, 화남 등의 지역에서 출토된 돼지, 양, 소, 개, 말, 산양, 닭 등의 동물 중 돼지가 가장 많은데, 73개소의 유적에서 출토되었다. 그 뒤를 이어 양은 59개소, 3위인 소는 57개소, 개는 50개소에 이르며 4위를 차지했다. 그중에는 가축화하기 전의 양과 소도 포함되었기 때문에, 가축만 두고 보면 개가 차지하는 비중은 더 높아진다. 원래 개는 양이나 소처럼 방목 방식으로 대량 사육하기에는 적합하지 않다. 그런데도 넓은 지역에서 다수의 개 뼈가 출토된 것은 역시 고기로 많이 소비했기 때문이라고밖에 생각할 수 없다.

귀한 음식이었던 개고기

춘추전국시대 이후로는 역사와 연중행사를 기록하도록 하여 다양한 문헌에서 개 식용의 실제를 확인할 수 있다.

『예기』 '월령' 편을 보면 음양오행설을 바탕으로 황제의 복식과 음식을 규정했다. 그 7월 항에 "천자는 백의를 입고 백옥을 두르고 마 열매와 개고기를 먹는다. 식기는 각형角形으로 깊게 만든 것"이라는 기록이 있다. 개고기를 군주의 의례 음식으로 바쳤음을 알 수 있는 대목이다.

당시 식용 개는 파수견과 사냥견으로 구분되어 있었다. 당 초기의 학자 가공언賈公彦이 편찬한 『주공소周公疏』에 "개는 세 종류가 있으며 첫째는 전견(사냥개), 둘째는 폐견(집 지키는 개), 셋째는 식견(잡아먹는 개)이다. 전견이나 폐견은 사나움과 온순함을 보고 식견은 살찜과 여윔을 본다"라는 기록이 나온다.

또한 『예기禮記』 '소의' 편에는 "만일 군주로부터 네 잔의 술, 한 꾸러미의 육포, 개 한 마리를 하사받거나 혹은 같은 하사품을 다른 사람에게 줄 때는 먼저 술을 받고 육포를 손에 들어 예를 갖춰야 한다. 파수견이나 사냥견이면 손으로 잡아서 하인에게 건네야 한다. 하인이 건네받을 때는 개의 이름을 물어야 한다"라고 쓰여 있다. 이러한 기록에서 엿볼 수 있듯이 파수견과 사냥견은 식용이 아님은 물론 이름이 붙을 정도였다.

개고기는 옛날부터 제사의 제물로 사용했다. '獻헌'이라는 한자는 개를 종묘에 바친다는 의미다. 그래서 '犬견' 자가 붙어 있다는 기록이 『설문說文』에 있다. 또 '월령'에는 황제의 8월 행사 중 하나인 제사에 관한 기록으로 "개고기를 곁들여 마 열매를 먹지만 먼저 종묘宗廟에 바친다"라는 대목이 있다. 황제가 묘廟에서 선조를 기릴 때 개를 가을의 제물로 삼고 수확한 작물의 상징으로 마 열매를 바쳤다.

이러한 제례법은 권력의 중추였던 종교 의례뿐 아니라 민간의 선조 숭배에서도 볼 수 있다. 『국어』 '초어상'에 "사대부는 제사 때 돼지와 개를 바치고 서민은 생선을 바친다. 희귀한 것은 바치지 않고 많은 제물을 늘어놓지도 않는다"라는 대목이 있다. 묘에서 제사를 모시거나 돌아가신 부모님의 제사를 모실 때의 법도지만, 개고기가 돼지고기와 마찬가지로 희귀한 것의 부류에 들어가지 않았음을 알 수 있다.

제사에 바치는 음식은 제사를 끝낸 후 제를 올린 사람이 먹는다고 앞에서 이야기했는데, 개고기도 예외가 아니다. 오히려 개고기는 대표적인 육류로 평소 자주 먹는 음식이었으니 제사에도 바쳤을 것이다.

『주례』 '천궁가재天官家宰' 편에는 궁중 요리사와 관련하여 "선부膳夫는 왕의 음식을 맡는다"라는 규정이 나온다. 그 음식 중에 '팔진八珍'이라는 요리가 나오는데 이 '진용팔물珍用八物'에 관해 후세 사람이 해석한 바에 따르면, 팔진은 '순오淳熬, 순모淳母, 포돈炮豚' 등의 여덟 가지 요리를 가리킨다. 그 중 간료肝膋와 관련하여 『예기』 '내칙'에 '간료肝膋, 취구取狗, 간일肝一, 몽지요幪之膋, 유자지濡炙之'라는 조리법이 기재되어 있다. 료膋는 돼지 대장에 붙어 있는 망사 모양의 지방으로 현대 중국에서는 망유라고 부른다. 『예기』의 기록으로 이 요리의 만드는 법을 알 수 있다. 즉, 개의 간을 돼지 망유로 싸서 살짝 졸이는 정도로 구우면 완성이다. 당시에는 극상의 진미였다고 할 수 있다.

이렇듯 개는 중요한 식자재이자 제사의 필수품이기도 했으므로, 궁궐에는 개를 사육해 제사에 제공하는 일을 하는 전문직도 있었다. 『주례』 '추관秋官'에 따르면, 그 관직은 '견인犬人'이라고 불렸다.

또한 '범상견견견자속언凡相犬牽犬者屬焉(개의 좋고 나쁨을 규정하는 사람이나 개의 산책을 하는 사람은 모두 그것에 속한다)'이라는 말이 있고, 개 감정인과 개 산책을 담당하는 이들도 전문 관직에 해당했다는 기록이 있다. 이 기록으로도 궁궐에서 개를 얼마나 중요시했는지 엿볼 수 있다.

궁궐뿐 아니라 민간에서도 개는 중요한 동물성 단백질 공급원이었다. 『맹자』에 "닭, 개, 돼지 같은 가축은 새끼 칠 시기만 놓치지 않으면 일흔이 된 자도 고기를 먹을 수 있다"라는 말이 나온다. 이 글에서 닭고기와 돼지고기, 개고기 모두 귀중한 음식이며, 개고기의 서열이 상당히 위에 자리하고 있었음을 알 수 있다.

개고기가 맛있고, 고급 음식이었음을 알게 해주는 또 다른 증거로는 축하 선물로 개고기를 사용한 예가 있다. 『국어』 '월어越語'에는 월왕越王 구천句踐이 전쟁에 패한 다음 어떻게 내정에 힘을 쏟고 복지에 충실했는지가 기록되어 있다.

구천은 백성에게 자식을 많이 낳도록 장려하는 정책을 펼치면서, 아들을 낳으면 술 두 독과 개 한 마리를, 딸을 낳으면 술 두 독과 돼지 한 마리를 하사했다고 한다. 이처럼 개고기를 술, 돼지 등과 마찬가지로 고급 음식으로 간주했다. 당시 딸보다 아들을 중시했던 것을 생각하면 월나라가 위치한 장강 유역에서는 개를 돼지보다 귀히 여겼음을 알 수 있다.

전문직이었던 구도狗屠

전국시대에는 '구도狗屠(개를 도살한다는 의미)'라는 직업이 있었다. 개고기를 즐겨 먹었기 때문에 구도도 하나의 직업으로 자리 잡았다.

『사기』 '자객열전刺客列傳'에는 진시황제 암살을 도모한 것으로 후에 이름을 떨친 형가荊軻의 이야기가 나오는데, 여기에서 '구도'가 등장한다. 어느 날 연국燕國에 여행을 온 형가는 연의 이름 모를 한 '구도'와 '축筑(거문고와 비슷한 악기)'의 명인 고점리高漸離를 마음에 들어 했다. 형가는 술을 좋아하여 날마다 그들과 함께 저자에서 술을 마셨다. 취기가 오르면 저자 한복판에서 고점리가 축을 연주하고 형가는 그에 맞춰 노래하며 즐겼는데, 옆에 누가 있든 없든 함께 눈물을 흘리기도 했다고 한다. 이렇듯 전국시대에 구도가 어엿한 직업으로 인정받았을 만큼 개 식용은 일상적이었다.

『전국책』 '한책'에는 자객 섭정聶政의 이야기가 나온다. 어떤 사람이 섭정에게 정적의 암살을 의뢰하고자 큰돈을 제시했다. 그러자 섭정은 "저에게는 연로한 어머니가 계시고 집은 가난하여 객지에서 구도를 업으로 삼고 있지만, 아침저녁으로 맛있는 고기를 살 수 있어 어머니를 모실 수 있습니다"라고 말하며 완곡히 거절했다. 이를 보면 구도는 천한 직업이었지만 나름대로 일정한 수입을 얻고 있었다.

시황제가 중국을 통일한 후에도 개를 먹던 습관은 쇠퇴하지 않았다. 한의 유방劉邦 곁에 번쾌樊噲라는 용맹한 장수가 있었다. 그는 유방의 군대에 들어가기 전 '구도'를 업으로 삼고 있었다. 한대에 들어 구도는 더욱 버젓한 직업으로 인정받았다.

개를 관리하는 관직은 전국시대에 계속 이어져 한대에도 당당히 설치되었다. 다만 이름이 '구중狗中' 혹은 '구감狗監'으로 바뀌었다. 『사기』 '영행열전佞幸列傳'에는 이연연李延年이라는 자가 죄를 지어 거세형을 받고 '구감狗監' 즉 황제의 사냥개나 제사용 개를 관리하는 직책으로 근무했다는 이야기가 실려 있다.

터부시되기 시작한 개고기

육조六朝 시대에 들어 큰 변화가 일어났다. 임방任昉(460~508년)이 지은 『술이기述異記』에 주목할 만한 이야기가 있다.

육조 송宋의 원가연간元嘉年間(424~453년), 오현吳縣에 석현도石玄度라는 자가 있었다. 집에서 누렁이를 키웠는데 어느 날 그 누렁이가 흰 수캐를 낳았다. 석현도의 어머니는 이상하리만치 이 강아지를 예뻐했다.

마침내 강아지가 크게 자라 주인의 사냥을 따라나섰다. 개가 주인을 따라 사냥에 나서면, 석현도의 어머니는 항상 대문 밖에 서서 개가 돌아오기를 기다렸다. 어느 날 석현도가 지병이 악화되어 의원에게 진찰을 받았는데, 흰 개의 폐가 효험이 있다고 했다. 시장에서 흰 개를 사려고 했지만, 어디에도 파는 곳이 없어 하는 수 없이 집에서 기르던 흰 수캐를 죽였다. 그러자 석현도의 어머니가 개를 죽인 자리에서 펄쩍펄쩍 뛰며 며칠이나 울부짖다가 쓰러지기를 반복했다.

석현도는 개의 폐를 약으로 쓰고 개고기는 손님을 불러 함께 먹었다. 석현도의 어머니는 버려진 개 뼈를 하나하나 수습하여 전부 모아 뒤뜰 큰 뽕나무 아래에 묻고, 한 달간 매일 나무를 향해 개의 이름을 불렀다.

한편 석현도의 병은 더욱 악화되어 마침내 세상을 떴다. 석현도는 임종을 맞을 때 개의 폐는 전혀 효험이 없으니 개를 죽이지 말라고 간곡히 당부했다. 이를 지켜본 동생 석법도는 그 후로 평생 개고기를 입에 대지 않았다.

"개를 먹으면 벌이 내린다." 한족 문화에 명백히 새로운 동물관과 그때까지 없던 식습관이 등장했다. 이런 생각은 어디에서 왔을까.

동물의 새로운 이미지는 현실 생활과 전혀 상관 없이 갑자기 나타나지는 않는다. 육조시대의 소설은 황당무계한 듯 보이지만, 저자는 종종 있는 그대로의 진실을 기록하기 위해 전해 들은 이야기나 이해하기 힘든 현상을 담았다. 기괴한 일을 쓴 소설이라고는 하나, 개를 먹던 문화에서 이렇게 이미지가 역전된 것은 역시 나름의 이유가 있다.

사실 육조시대 전후부터 사람들은 일상생활에서 개를 예뻐했다. 『삼국지』 권48 '손호전孫皓傳'에 인용된 『강표전江表傳』에 따르면, 하정何定이라는 자가 손호의 마음을 얻고자 훌륭한 개를 바치도록 장교들에게 명했다. 장교들은 모두 천 리나 떨어진 곳에 개를 구하러 갔다. 그들이 사온 개는 한 마리 가격이 비단 수천 필에 이르는 것도 있었고, 개에 두르는 띠도 일만 전錢이나 했다. 또 개 한 마리를 돌보는 데 병사 한 명이 배치될 정도였다. 개는 일약 귀한 애완동물로 등극했다. 물론 개를 애완으로 키우는 습관은 이전에도 있었다.

『전국책』 '제권齊卷'에 "맹상군孟嘗君의 궁궐에는 진귀한 보배가 가득하고, 개와 말도 넘치도록 있으며 미인은 복도에 가득 차 있다"라는 말이 나온다. 한편 『예기』 '곡예상曲禮上'에는 "개와 말은 당에 오르지 못하게 한다"라는 예법 규정도 있다. 그렇다고 해도 손호 혹은 그의 마음에 들고자 하는 부하들이 애완용 개의 사육에 건 열정은 이전에 볼 수 없던 것이었다. 역시 중국문화에 어떠한 변화가 일어났다고밖에 생각할 수 없다.

후한이 무너진 뒤, 중원지역은 대혼란에 빠져 내전이 이어졌다. 그 기회를 틈타 선비족鮮卑族이 서서히 세력을 넓혀 갔다. 진이 멸하자 그들은 중국 북방을 통일하고 북위 정권을 수립했다. 그 지배 범위는 현재의 산서山西, 하북河北, 산동山東, 하남下南, 섬서陝西, 감숙甘肅, 요령遼寧 및 사천四川, 호북湖北, 안징安徽, 강소江蘇 일부에 이르렀다. 유목 민족인 선비족은 수렵용으로 개를 키웠기 때문에 개를 식용으로 하지 않았다.

『북사北史』 권52 '제종실제왕하齊宗室諸王下'에 남양왕南陽王 고작高緯의 이야기가 전해진다. 고작은 '파사구波斯狗'를 아주 좋아했다. 어느 날, 아이 안은 여인이 지나가는 모습을 본 고작은 아이를 빼앗아 개에게 먹이로 줬다. 여인이 목놓아 울자 고작은 개에게 여인을 물게 했지만 개는 주인의 명을 듣지 않았다. 그러자 고작은 여인의 몸에 아이 피를 묻혀 여인을 물게 했다.

'파사구'는 직역하면 '페르시아 개'이지만 페르시아와 어떤 연관이 있는지는 알 수 없다. 그러나 서역에서 온 것만은 분명하다. 『대한화사전大漢和辭典』에는 파사구를 '중狆(몸집이 작고 이마가 튀어나왔으며 털이 긴 애완용 개)'이라고 해석하는데 이는 잘못된 풀이다. '중'은 중국 고유의 작은 개로 어른은커녕 아이도 물지 못한다. 살아 있는 어른을 물어 죽일 정도면 분명 상당히 몸집이 큰 개였을 것이다.

『북제서北齊書』 권50에 따르면, 북제北齊의 왕 고위高緯도 페르시아 개를 총애하여 페르시아 수캐에게 최고 관직에 상당하는 작위를 수여하고, 페르시아 암캐에게는 여성 최고 작위를 선사했다고 한다.

사서에는 북제의 황제가 발해인이었다고 나오는데, 오래 북방에 정착하여 살았기 때문에 풍습이나 습관 등은 선비족과 같았다. 유목 민족인 선비족이 개에 특별한 감정을 품었던 것은 당연하다. 북제의 황제 고위나 남양왕인 고작이 이상하리만치 개를 좋아했던 것도 신기한 일이 아니다.

육식에서 애완으로

선비족뿐 아니라 중국 서북지역에 있던 다른 수렵 민족도 이 점에서는 다르지 않다. 유목민인 그들에게 개는 생산도구이자 친구였다. 개를 먹는 것은 상상할 수 없는 야만적인 행위였다. 제사의 제물만 봐도 이를 알 수 있다. 이를테면 돌궐족은 하늘에 제를 올릴 때 양과 말을 제물로 바치고, 개는 제물로 바치지 않았다. 돌궐의 오랜 전설에 따르면, 그들은 이리의 자손이었고 실제로 이리를 숭배했다. 그들이 이리와 비슷한 개를 먹었을 리 없다.

육조에서 당에 이르는 동안 돌궐족突厥族, 강족羌族, 저족氐族, 오손족烏孫族 및 그 외의 서역 민족은 한족과 왕성한 교류가 있었고, 소수민족의 정권 수립과 함께 많은 이민족이 본국으로 이주했다.

한족의 개를 먹는 풍습은 그들로서는 용서할 수 없는 도리에 어긋난 행위였다. 그들은 한족 문화권으로 이주하면서 개를 좋아하는 풍습을 갖고 들어왔다. 그들이 지배 민족으로 중국 북방에 군림하는 동안 개 식용을 혐오하는 풍조가 한족 문화에 분명 지대한 영향을 끼쳤을 것이다.

거의 비슷한 시기에 인도 불교도 중국에 전해졌다. 북방 기마 민족 정권인 북위의 초대 황제는 신실한 불교 신자였다. 살생을 경계하는 불교에서는 개고기는 물론 모든 육류의 식용을 금한다. 불교가 한족 사이에 퍼졌을 때, 지배 민족이 혐오했던 개 식용을 가장 먼저 금했을 것이다.

당의 맹선孟詵은 『식료본초食療本草』라는 책을 썼다. 음식이 약으로서 어떠한 효험이 있는지 설명하는 책인데, 그 안에 개고기도 나온다. 저자는 요즘 사람들이 개고기 조리법을 알지 못한다고 탄식한다. 살찐 개는 피도 맛있어서 버리면 안 되는데 요즘 사람들은 개를 먹을 때 피를 버린다고, 그래서 약효가 없다고 말이다. 일반 서민이 개고기 먹는 법을 잊었을 정도니 개고기를 먹는 인구가 격감했음을 알 수 있다.

개고기를 먹을 때 지켜야 할 다양한 금기도 생겨났다. 『식료본초』에 따르면, 개고기는 구워 먹어도 안 되고 마늘과 함께 먹어도 안 된다. 야윈 개는 식용으로 맞지 않고 임산부는 개를 먹어서는 안 된다. 또 9월에 개를 먹으면 건강을 해친다고 했다.

실제로 개를 먹으면 업신여김을 당했다. 『서양잡조』속집 권1에 이화자李和子라는 무뢰한 이야기가 나온다. 이화자는 성격이 잔인하여 남의 개나 고양이를 훔쳐 먹고 다녀 마을의 골칫거리였다. 결국, 개와 고양이를 마구잡이로 먹어대던 이화자는 염라대왕에게 불려가 목숨을 잃는다. 이때도 개를 먹는 것을 잔인하다고 여겼음을 알 수 있다. 다분히 불교적인 색채가 나는 이 설화에서 개 식용은 인과응보를 설명하는 소재로도 등장한다.

이를 미루어 짐작할 때, 당의 요리서에 개고기가 나오지 않는 것도 전혀 이상하지 않다. 오히려 육조에서 당에 이르는 동안 개를 먹는 풍습이 크게 바뀌었음을 볼 수 있다. 물론 당대 중국 모든 지역에서 개고기를 전혀 먹지 않았다고 장담할 수는 없지만, 개고기가 요리 문화의 중심에서 일찌감치 멀어진 것만은 틀림없다. 그 후 계속되는 전란 속에서 거듭 남쪽으로 피난한 한족 덕분에 개 식용도 남방에 들어와 후에 광동 지역에 정착했다.

개고기는 건강에 좋지 않다?

송대에 들어서도 개를 먹던 습관은 날로 쇠퇴해 갔다. 어떤 요리서에도 개 요리는 나오지 않는다. 정진요리를 소개하는 진달수陳達叟의 『본심제소식보本心齊蔬食譜』는 물론이고, 임홍林洪의 『산가청공山家淸供』, 오씨吳氏의 『중궤록中饋錄』, 사선내인司膳內人의 『옥식비玉食批』에도 찾아볼 수 없다. 이전 시대를 보더라도 당의 양엽楊曄이 지은 『선부록膳夫錄』에 나오는 팔진八珍은 『주례』에 실린 요리를 재수록한 것에 지나지 않으며 실제로 먹던 요리는 아니었다. 요리명만 나올 뿐 조리법은 전혀 다루지 않는다. 『동경몽화록東京夢華錄』에도 수많은 요리명이 등장하지만, 개 요리는 어디에도 찾아볼 수 없다.

원元은 몽골족 왕조로 그들도 유목민이었기 때문에 개를 먹지 않았다. 만일 송대에 아직 개를 먹던 곳이 남아 있었더라도 원대에 들어 더욱 타격을 받았을 것이다.

원대에 편찬했다고 추정되는 『거가필용사류전집居家必用事類全集』에는 돼지, 소, 양, 말, 토끼, 사슴, 낙타, 호랑이, 오소리, 나귀, 곰 등의 식자재가 나오지만 개는 언급이 없다. 같은 원대의 『음선정요飮膳正要』 '수품獸品'에 개가 나오지만, 약으로 소개했을 뿐 요리로는 다루지 않았다. 같은 책의 '상극인 음식' 항에도 개고기는 나오지 않는다.

이로써 일상생활 속에서 개고기가 거의 자취를 감췄다고 추정할 수 있다. 『음선정요』의 내용도 당의 『식료본초』와 거의 같다. 즉, 개고기에는 어느 정도 약효가 있지만, 먹으면 안 되는 경우도 많다고 했다.

같은 원대에 쓰인 가명買銘의 『음식수지飮食須知』는 개 식용의 역사 변천을 이해하는 데 흥미로운 사료를 제공한다. 이 책은 일상의 음식이 건강 유지나 병 치료에 어떤 효용이 있는지 설명하고 있는데 그중 '견육犬肉'이라는 항목에서 개고기가 얼마나 몸에 나쁜지 잇달아 나온다. 마지막에 저자는 "개는 똑똑한 데다 집을 지킨다. 먹어서 좋을 게 전혀 없는데 굳이 먹을 필요가 있을까?"라고 끝을 맺는다.

저자 가명은 절강성에서 태어나 원대에 관리를 역임한 이력이 있다. 그가 살았던 시대에는 개 식용이 영양이나 건강상의 이유로 부정되었다. 개고기를 먹지 않는 풍습이 장강 하류 지역까지 퍼진 증거이기도 하다. 강남 지역의 가정요리를 기록한 『중궤록中饋錄』에도 개고기 요리는 나오지 않는다.

개고기는 천한 사람이 먹었다

명明은 한족 왕조였지만 개를 먹는 풍습이 부활하지는 않았다.

명의 서책, 이를테면 고렴高濂이 지은 『준생팔전遵生八牋』의 '음찬복식전飮饌服食牋'이나 『군물기제群物奇制』 '음식飮食'에도 개 요리는 나오지 않는다.

마테오 리치는 오랫동안 북경에 머물렀는데 『중국 그리스도교 포교사』에도 중국인이 개고기를 먹었다는 기록은 찾아볼 수 없다. 만일 그가 그런 풍습을 목격했다면 분명 기록으로 남겼을 것이다.

같은 명대에 중국을 방문한 가스펠 더 쿨스는 『십육세기화남사물지十六世紀華南事物誌』에 다음과 같이 증언했다.

> 광주廣州의 성벽 외측을 따라 음식점이 즐비한 길이 하나 있다. 그 음식점은 모두 네 등분한 개를 팔고 있었다. 구웠거나 생으로 된 개다. 또 머리 거죽이 벗겨져 있거나 두 귀만 그대로 붙어 있었다. 거죽 벗기는 법은 새끼 돼지와 똑같다. 개는 천한 이들의 음식으로 우리에 가둬 시중 곳곳에서 산 채로 팔리고 있었다.

개를 먹는 습관이 다시 유지되던 광동에서도 개는 '천한 사람'만 먹는 것으로 인식되었다. 가스펠 더 쿨스는 광동 사람이 가장 좋아하는 고기는 돼지고기로 육류 중 소비량이 가장 많다고 했다.

청대에 들어서도 그 점은 달라지지 않았다. 청대는 현대와 시대적으로 가까운 만큼 많은 요리서가 남아 있다. 하지만 고중顧仲의 『양소록養小錄』, 주이존朱彝尊의 『식헌홍비食憲鴻秘』, 원매袁枚의 『수원식단隨園食單』, 이화남李化楠의 『성원록醒園錄』, 양장거梁章鉅의 『낭적총담浪蹟叢談』, 왕사웅王士雄의 『수식거음식보隨息居飮食譜』 등 어느 책에서도 개고기 요리는 찾아볼 수 없다. 이어李漁의 『한정우기閑情偶寄』 '음식' 부분에 개고기가 나오는데, 그중에 눈길을 끄는 대목이 있다.

> 돼지와 양에 대해 말했으니 소와 개 또한 말하지 않을 수 없다. 이 두 동물은 세상에 이로운 동물이다. 먹지 말라는데 굳이 먹으려는 이들을 보니 참을 길이 없다. 이 두 동물을 생략하고 이어서 가금에 관한 이야기를 하겠다.

위의 기록으로 당시 개를 먹는 풍습이 이미 사라졌다는 견해도 가능하고, 개를 먹는 사람이 아직 있었으니 이러한 기록을 남겼다는 정반대의 결론을 끌어낼 수도 있다. 진상은 알 길이 없다.

하증전夏曾傳(1843~1883년)은 만청晩清 시대 문인으로 학문과 지식이 해박하거니와 음식에도 조예가 깊었다. 그는 원매의 『수원식단』에 각 요리의 역사와 변천을 덧붙여 『수원식단보증隨園食單補証』을 편찬했다. 그중 '구육狗肉'이라는 항목에 다음과 같은 대목이 있다.

> 걸인이 개고기를 먹는데 그 냄새가 구수하다. 병에 걸렸을 때 먹으면 병이 낫는다. 광동에서는 '지양地羊'이라 불리며 선비도 먹는다고 한다. 그러나 그 외의 곳에서는 터부시되었다. 찾아보면 알겠지만, 고대인은 모두 개고기를 먹었다. 이는 (유학) 경전에 명백히 기록되어 있다. 언제부터인가 사람들은 개고기를 먹지 않게 되었고, 또 먹는 것을 수치로 여기기에 이르렀다.

이로써 진상은 명확해졌다. 청대에는 광동 이외의 지역에서는 개고기를 먹지 않았다. 약으로 먹는 경우를 제외하면 개고기는 거의 먹을 게 없는 사람만 먹는 음식으로 전락했다. 더구나 일상생활에서 개고기를 먹는 것은 파렴치한 일로 여겼다. 하증전은 이렇게 된 것을 의아하게 생각했지만, 옛날 북방 유목 민족의 남하가 이처럼 문화 변용을 초래했으리라고는 꿈에도 생각지 못했을 것이다.

실크로드를 통해 향신료가 들어오다

후추

현대 중화요리에서 후추는 빼놓을 수 없는 향신료 중 하나다. 그러나 중국 고유의 향신료는 아니다. 당의 은성무가 지은 『서양잡조』에 다음과 같은 기록이 있다.

(인도) 마가다국에서 생산된다. (중략) 아주 맵고 얼얼하다. 유월에 수확한다. 지금은 호반육胡盤肉을 만들 때 모두 이것을 사용한다.

당대에 후추가 전해진 것은 아니다.『제민요술』권4 제43 『광지廣志』에 "후추는 서역에서 난다"라는 기록이 있는 것으로 보아 육조시대부터 이미 중국에 들어와 있었다. 단, 서역 어디에서 왔는지는 명시되어 있지 않다.

시대를 거슬러 올라가면 후추에 관한 기록은『후한서』권88 '서역전西域傳'에서 볼 수 있다. "천축국에 (중략) 사향麝香, 석밀石蜜, 후추, 생강, 흑염黑鹽이 있다"라고 했으니 인도에 후추가 있다는 것은 이미 한대에 알려진 사실이었다.

후추의 용례는『제민요술』에 세 가지가 나온다. 술을 빚을 때 원료로 사용한 것이 두 가지다. 권7 제66 '박물지博物志'의 '후추술 만드는 법'과 '화주和酒 만드는 법'에 후추가 재료로 등장한다. 고기 요리에 사용된 예는 '호포육 만드는 법'에서 볼 수 있는데 양고기 밑간에 사용한 것으로 보인다. 이 요리는 앞에서도 소개했지만, 요리명에도 서역에서 전해졌음이 드러난다. 이처럼 후추는 서역의 요리법과 함께 전해졌다.

『서양잡조』의 기록과 함께 읽으면 당대에는 후추를 '양식洋式' 고기 요리에 사용했음을 알 수 있다.『서양잡조』에 나오는 '호반육胡盤肉'이 어떤 요리인지는 확실하지 않지만, 요리명으로 보아 서역에서 왔으리라 짐작된다. 현대 중국에서는 거의 모든 요리에 후추를 일반적으로 사용하지만, 처음에는 외래에서 온 요리에만 후추를 사용했다.

필발

후추와 견주어 필발華撥이라는 향신료도 있다.『위서』권102 '서
역'에 페르시아 산물로 후추, 석밀 등과 함께 나온다. 한편 '남
천축국南天竺國', 즉 인도 항목에는 필발에 관한 기록이 보이지
않는다.

『위서』이후의 사서에도 같은 경향이 보이는데『북사北史』,
『수서隋書』,『구당서舊唐書』등도 모두 필발을 페르시아 산물로 기
록했다.

고기 요리에 사용한 향신료로 기록된 예는『제민요술』에 나
온다. 앞에 나온 '호포육 만드는 법'에 필발은 후추와 함께 양
고기 조미료로 사용되었다. 이 용법은 당대에도 계승되었을 것
이다.『서양잡조』권18은 필발에 관해 다음과 같이 설명했다.

> (인도) 마가다국에서 생산된다. 그곳에서는 필발리華撥梨라고 부
> 른다. 시리아에서는 '아리가타阿梨訶咃'라고 한다.

필발리는 후추의 일종인데 인도에서도 매우 더운 지역에서
난다. 그런데 왜 사서에는 후추와 필발이 페르시아 산물로 올
라와 있을까? 이는 후추의 무역 방식과 관계가 있다. 후추와 필
발의 원산지는 인도지만, 페르시아를 거쳐 중국에 전해졌다.

페르시아산이라고 오해하게 된 것도 그 때문이다.

굴 껍질

후추 이상으로 많이 사용한 향신료는 굴 껍질이다. 『제민요술』 권10에 중국 외의 산물로 기록된 점으로 보아 처음에는 외래 향신료였을 것이다. 『제민요술』에는 굴을 말린 껍질을 53종의 요리에 사용하고 그중 3종은 잎과 함께 사용한다고 나온다. 또 굴즙을 조미에 사용한 예도 볼 수 있다. 이때 굴은 식용 감귤류의 총칭으로 그 종류는 다양하다. 물론 중국에서 난 굴도 있다. 굴 껍질이 왜 외래 향신료로 기록되었는지는 불분명하다. 『제민요술』에 등장하는 말린 굴 껍질은, '가금류 국', '양발굽국', '가물치국' 등 대부분 육류나 생선 요리에 사용했는데, 냄새를 없애기 위함이었다. 그런 의미에서 외래 굴과 중국 굴은 그 성질이 미묘하게 다르지 않았을까?

　『서양잡조』 권7 '주식酒食'에 '웅증熊蒸(곰고기찜)'이라는 요리가 나오는데 조리법은 소개하지 않았다. 『제민요술』 권8 제77에 같은 이름의 '웅증' 조리법이 나오는데, 가물치, 굴 껍질, 미나리, 달래 등이 사용된다. 『서양잡조』에 있는 당대의 '웅증'도 아마 같은 향신료를 사용했을 것이다. 다만, 오랜 세월이 흐르면서 귤은 중국에 완전히 정착하여 사람들이 더는 외래에서 왔다고 깨닫지 못했다.

마늘

마늘은 중화요리에서 빠트릴 수 없는 향신료다. 진晉의 장화張華(232~300년)가 지은 『박물지』에 "장건이 서역에서 사용하는 대산大蒜(마늘)과 호산胡蒜을 손에 넣고"라는 대목이 있다. 이 내용이 『제민요술』에도 나오는 것으로 보아 적어도 『제민요술』이 편찬된 6세기 중엽에는 마늘이 널리 사용되었을 것이다. 『박물지』의 원본은 이미 사라졌고 현재 남은 것은 후대에 흩어진 것을 모아 재편찬한 것이다.

같은 진대晉代 혜제惠帝(재위 290~306년) 때 태부太傅(행정수장 삼직 중의 하나)가 된 최표崔豹가 지은 『고금주古今注』에도 "마늘이 있는데 열 개의 소구小球가 하나가 된다. 이중으로 껍질에 싸여 호산胡蒜이라고도 한다. 소산小蒜보다 매운데 일반적으로는 대산大蒜이라 불린다"라는 기록이 나온다. 이를 보더라도 육조에는 마늘이 서역에서 전해졌다는 인식이 상당히 보편적이었다.

하지만 마늘이 식물로 전해졌다고 해도 곧바로 일반 요리에 사용되지는 않았을 것이다. 맛을 내는 데 사용하는 향신료는 육류나 채소와 달리 식자재와 얼마나 어울리느냐가 관건이기 때문이다. 원래 중국에는 달래(소산)가 있어 식자재나 조리법이 바뀌지 않는 한 굳이 외래 향신료를 사용할 필요가 없었다. 아마 처음에는 서역에서 온 마늘을 외래 요리에만 썼을 것이다.

일단 향신료로 정착하면 기존 요리에도 사용된다. 『제민요술』에 '팔화제八和齏(여덟 가지 양념을 섞은)'라는 소스가 나오는데, 그 조리법에 마늘이 등장한다. 회 소스로 사용된 조미료인데 식자재는 중국 생선이다. 오래된 재료를 새로운 양념으로 맛을 냈다. 권8 제74에 '돼지고기 육젓 만드는 법'에도 '산제蒜齏(마늘소스)'가 조미료로 나온다. 또 권8 제76에는 돼지 창자로 만든 요리에 얇게 저민 마늘을 사용한다. 권9 제87 송이 찜구이에도 고기 밑간으로 잘게 썬 마늘을 사용한다. 또 마늘과 달래를 함께 사용한 예도 있다. 외래 마늘에는 고유 향신료인 달래에 없는 조미 효과가 있었음을 추측할 수 있다.

이 마늘을 사용한 요리에는 외래 음식이 없는 것도 주목할 만하다. 서역에서 전해진 마늘이 기존 요리에 사용되면서 중국에서 마늘을 대량으로 재배할 수 있었다.

『서양잡조』 권18에 따르면, '아위阿魏'는 서역에서 전해진 향료로 아프가니스탄의 가즈니, 북인도, 페르시아에서 생산된다. 원대元代에 편찬한 『거가필용사류전집』 '자육품煮肉品' 편에는 상하기 시작한 고기에 아위를 넣어 함께 삶으면 냄새가 없어진다고 했다. 또 명대『군물기제群物奇制』'음식飲食'편에는 돼지고기를 삶을 때 백매아위白梅阿魏나 식초 혹은 청염靑鹽(중국 서남, 서북부에서 생산하는 소금)과 함께 삶으면 고기가 빨리 연해진다는 기록이 있다.

서역에서 온 음식

당나라 호식

『구당서舊唐書』권45 '흥복지興服志'에는 개원연간開元年間의 유행에 관해 "태상太常(제례악을 관장하는 기관)의 악樂은 호곡胡曲을 존중하고 귀인의 음식은 모조리 호식胡食을 바치고 남녀 모두 다투어 호복胡服을 입었다"라고 비평하는 내용이 나온다. 너무 유명해서 지금까지 수없이 인용되는 대목인데, 그렇다면 여기서 말하는 '호식'은 무엇일까. 한漢에서 수隋에 이르는 사서史書에 등장하는 '호식'과 같을까. 당의 '호식'을 둘러싸고 지금까지 여러 연구가 있었지만, 이 점에 관해서는 모두 명확한 설명을 찾기 어렵다.

당의 호식을 말할 때 항상 거론되는 것이 혜림慧琳(768~820년)의 『일절경음의一切經音義』다. 그 제37권의 '타라니집陀羅尼集' 제20권에 있는 "호식은 즉 유병油餅, 필라畢羅, 소병燒餅, 호병胡餅, 탑납塔納 등"이라는 기록은 분명 당대 가장 권위 있는 해석이라고 할 수 있다. 그러나 과거의 '호식'과 같은지는 역시 알 수 없다. 당의 '호식'이 페르시아에서 왔다는 견해도 있는데, 과연 그렇게 일률적으로 말할 수 있을까?

3장에서 한의 영제가 호반과 호병을 매우 좋아했다는 이야기를 했는데, 그때의 '호胡'는 명확히 북방 민족을 가리킨다. 그렇다면 당의 문헌에 나오는 '호식'은 무엇을 가리킬까?

『신당서新唐書』 권80 '태종제자太宗諸子'에 따르면, 당 태종의 황태자 이승건李承乾은 호족胡族 문화에 심취하여 복장에서 두발, 음악, 무예에 이르기까지 전부 '호인胡人'에게 배웠다고 한다. 그는 유목민의 천막형 집에 살고 양고기를 요리하여 칼로 썰어 먹기도 했다. 그렇다면 그 '호인'은 누구를 가리킬까? 원문에서 "돌궐의 말과 복식을 즐긴다"고 했으니 이때 '호'는 명백히 돌궐족을 가리킨다.

그런데 앞에서 언급한 『구당서』 권45는 개원연간, 즉 713년에서 742년 사이의 기록이다. 이승건이 상산왕常山王이 된 무덕武德 3년(620년)부터 약 백 년에서 백이십 년이 지난 후의 일이다.

『구당서』에 따르면, 이 백여 년 동안 풍습에 큰 변화가 있었다. 무덕武德, 정관貞觀 때는 궁궐 나인이 외출할 때 몸을 가렸지만, 측천무후則天武后 때부터는 자연스럽게 바뀌었다. 개원開元 초기에 그녀들은 모두 말을 타고 이민족의 모자를 쓰고 얼굴을 가리지 않았다. 또 해차奚車라 불린 거란족契丹族의 수레가 개원 천보연간天寶年間에 도시에서 유행했다. 한편 페르시아를 비롯한 중앙아시아와 서아시아 사람들도 실크로드를 통해 당에 들어올 때 그 지역의 물품과 풍습을 갖고 들어왔다. 그중에서도 소그드 상인과 페르시아 상인의 활약상은 한층 눈길을 끌었다.

이민족과의 왕래나 문화 교류 패턴에도 근본적인 변화가 일어났다. 그때까지 이민족과 한민족은 주로 인접한 거주 지역에서 만나 교류했다. 민족끼리의 융합과 충돌은 지배 영역의 쟁탈 혹은 생활물자나 인원의 획득을 둘러싸고 생긴다. 그런데 페르시아인은 단순히 무역만을 위해 멀리서 당으로 건너왔다. 그들은 영토에 대한 야심은 물론 생활물자의 약탈 같은 목적도 없었다. 대륙 어느 민족과도 과도한 친밀감이 없었지만, 뿌리 깊은 증오도 없었다. 집단적인 민족 이익에 거의 영향을 주지 않는 문화 교류가 일어났다. 그들은 자연스럽게 일상생활에 중앙아시아와 서아시아의 음식을 들여와 당의 식문화에 일정한 영향을 끼쳤다.

이렇게 생각하면 당의 '호식'에는 두 가지 의미가 있다. 하나는 당 초기에 주로 돌궐 등 북방 민족의 요리를 가리키던 호식이다. 또 하나는 원元이 성립하기 이전의 호식이다. 후자는 페르시아를 비롯하여 중앙아시아와 서아시아에서 온 음식이 많이 포함되었다.

다양한 호식

다시 혜림에 의한 '호식'의 정의로 돌아간다. 『일절경음의』에 "호식은 유병, 필라, 소병, 호병, 탑납 등"이라고 다섯 가지 음식을 거론한다. 이것들은 어떤 음식일까?

'탑납'은 명확하지 않지만, 앞서 말했듯이 호병은 한말漢末에 이미 나타났다. 그러나 『제민요술』에는 호병이라는 명칭이 나오지 않는다. 만드는 법이 이미 널리 알려져 기록하지 않았을 것이다. 768년에 태어난 혜림은 호병을 유병, 소병 등과 함께 거론한다. 당대에도 호병과 소병은 각각 다른 음식이었다. 그렇다면 무엇이 다를까?

3장에서도 다뤘지만, 772년에 태어나 846년에 사망한 백락천白樂天은 "호병을 실어 양만주에게 주다"라는 시를 썼다. 시에는 "화로에서 막 꺼낸 호병은 바삭바삭하고 고소하다"라는 구절이 나온다. 화로에서 구웠다는 점에서 당대의 호병 제조법은 육조와 다르지 않다.

『제민요술』에는 소병 만드는 법이 나온다. "밀 한 되, 양고기 두 근, 파 뿌리 한 홉을 (병으로 만들어) 구우면 적당히 부풀어 오른다"고 쓰여 있다. 그러나 기록이 너무 간략하여 어떤 빵인지는 자세히 알 수 없다. 현재 북경에서 흔히 먹는 고기 파이처럼 두 장의 반죽 사이에 고기를 끼워 구운 빵일 수도 있고, 남방의 군만두처럼 고기를 소로 하여 밀 반죽으로 싼 것일 수도 있다. 이것만으로는 소병과 호병의 차이를 알 수 없다.

그래서 후대에 쓰인 요리책을 참고하는 수밖에 없다. 원대에 편찬한 『거가필용사류전집』에도 소병이 나온다. "밀가루 1되에 기름 반 량, 볶은 소금 1전을 섞어 냉수로 반죽한 후 밀대로 밀어 바닥이 평평한 냄비에 단단하게 굽는다. 뜨거운 숯을 담아 구우면 한층 바삭바삭 맛있다." 만드는 법은 『제민요술』과 거의 같지만, 굽는 법에 대한 설명이 더 자세해졌다.

『제민요술』에 나오는 소병과 함께 읽으면 호병과 소병의 차이가 명확해진다. 호병은 호병로 안쪽에 붙여 직화로 굽지만, 소병은 평평한 냄비에 굽는다. 현대의 '지마소병'과 마찬가지로 호병은 화로에 붙이기 때문에 기름을 별로 사용하지 않는다. 굽는 면에 살짝 기름을 칠하는 정도다. 이와 반대로 소병은 동물성 기름을 듬뿍 넣고, 다시 냄비에 둘러붙지 않게 미리 기름을 두르고 나서 굽는다. 『제민요술』에 나오는 소병에 동물성 기름을 많이 사용하는 것은 그 때문이다.

『서양잡조』 권7에 '아한특병阿韓特餅', '범당병凡当餅'이 나온다. 둘 다 정체불명이라 문자만으로는 풀이할 수 없다. 이름을 고려하면 외래의 빵일 가능성이 크다. 위거원의 『식보』에 나오는 '만타양협병曼陀樣夾餅'도 마찬가지다.

페르시아에서 온 필라프

당의 소병과 호병이 육조부터 있던 음식인 데 반해, 필라鞸鑼는 당나라 때 처음 등장한 음식이다. 『서양잡조』 권7에 "한약韓約은 앵도필라櫻挑鞸鑼를 잘 만드는데, 그 색이 변하지 않는다"라는 기록이 있고, 위거원의 『식보』에도 '천화필라天花鞸鑼가 나온다. 하지만 필라가 어떤 음식이고 어떻게 만들었는지는 어디에도 쓰여 있지 않다. 『사해辭海』 신편본新編本은 "페르시아어 필라우(pilaw, 필라프의 어원이다)의 음역音譯이다"라고 해석했다. 현대 중국에서는 필라를 '빌러프'(bilup)라고 발음하기 때문에 '필라우'(pilaw)와 매우 흡사하다.

이에 반해 『한어대사전漢語大詞典』은 『사해』 신편본의 설에서 한 걸음 물러나 필라는 "원래 조반抓飯을 가리키고 후에 병餅 종류도 의미하게 되었다"라고 해석한다. 조반은 위구르인과 아랍인이 먹는 볶음밥으로 양고기와 건포도 등이 들어간다. 손으로 집어먹어서 조반이라고 불렀다. 사실『한어대사전』의 해석은 향달向達의 논고에 바탕을 두었다. 향달의 고증에 따르면, 필라는 페르시아에서 당으로 전해진 조반이다.

나중에『사해』의 해석에 대한 반론이 나온다. 구방동邱龐同에 따르면, 필라는 필라프가 아닌 내용물이 든 밀가루 음식이다. 한편 일본의『주사류기厨事類記』에는 "필라는 평평하고 얇다"라는 말이 나온다. 반飯보다는 병餅에 가까워 보인다. 그러나 이것은 아마 역사 속에서 필라가 어떻게 변해왔는지를 보여주는 게 아닐까? 밥을 손으로 집어먹으면 불편하니까 '호반'의 발상으로 나중에 얇은 병으로 싸서 먹게 되고, 일본에 전해졌을 때는 껍질만 남게 되었을 것이다.

『서양잡조』에는 필라 전문점이 몇 번이나 나온다. 속권1 880화에는 흥미로운 이야기가 등장한다. 목숨을 앗으러 온 저승사자를 매수하려고 이야기의 주인공이 그들을 필라 가게로 데려갔는데 귀신인 그들은 코를 틀어막으며 손사래를 쳤다. 이 묘사에서 필라는 냄새가 심한 음식임을 짐작할 수 있다. 원래 중국에 없던 향신료를 사용했기 때문이다. 귀신들이 이 냄새를 싫어한 것은 필라가 새로운 요리임을 알려 준다. 그래서 저자는 필라가 이 세상에는 필라가 유행해도 저세상에는 아직 전해지지 않았다고 생각했을 것이다.

서역에서 온 식자재

한대에서 당대에 걸쳐 서역에서 많은 채소와 과일류가 잇달아 중국 대륙에 전해졌다. 현재 중화요리에 많이 쓰이는 것만 해도 오이, 시금치, 거여목, 고수, 치자, 포도, 호두 등을 들 수 있다. 이러한 식자재가 언제 어디에서 왔는지는 지금도 많은 연구가 이뤄지고 있으니 여기서는 반복하지 않겠다.

단, 그 외에 어떤 음식이 중국에 전해졌는지 또 서역에서 온 채소나 과일 중 어떤 것이 중화요리에 쓰이고 후세에 전해졌는지는 지금까지 별로 다루지 않았다.

호두는 페르시아에서 온 식자재로 후에 중화요리에 많이 사용되었다. 호두는 한의 장건이 서역에서 씨앗을 가져왔다고 『한서』에 나오지만, 책에 많이 등장하는 것은 육조부터다. 호두는 보통 과자로 먹지만 약으로도 쓰였다. 서역에서 전해진 나무 열매 중 요리와 과자의 재료로 호두만큼 사랑받은 음식은 드물다.

당의 맹선이 지은 『식료본초』에 따르면, 호두는 신선술神仙術을 즐기는 사람이 자주 먹었다고 한다. 자양강장의 작용이 있다고 생각해서인지 그 후로도 다양한 음식에 사용했다.

송의 임홍林洪이 지은 『산가청공山家淸供』에는 호두의 세 가지 사용법이 나온다. 먼저, '승육협勝肉餡(고기와 생선을 빼고 채소만으로 만든 정진 교자)'이라는 음식이 나오는데, 조리법은 다음과 같다. 죽순과 버섯을 데친 후 함께 다지고 잣과 호두를 더하여 술, 간장, 향료를 섞는다. 밀가루를 반죽하여 만두를 빚는다. '정진 교자'는 교자의 전신이지만 현재의 교자보다 훨씬 크다. 조리법만 보면 교자보다 만두에 가깝다. 외형도 삼각형의 만두라고 생각하면 큰 차이가 없다. 이미 당대에도 이런 음식이 있었지만 유감스럽게도 문헌으로는 검증하기 어렵다. 두 번째로, 원대의 『거가필용사류전집』에는 호두를 소취제로 사용한 예도 있다.

한편 호두를 단맛 나는 과자로 만들어 먹은 예로, 『산가청공』에 '대내고大耐糕'라는 애플파이와 비슷한 음식도 나온다.

> 큰 사과의 껍질을 벗겨 심을 도려내고 매실과 감초를 달인 탕에 살짝 데쳐 꿀을 바른 잣, 껍질 벗긴 올리브 열매, 호두와 으깬 참외 씨를 사과 안에 가득 채운 후 작은 찜기에 찐다.

페르시아에서 온 의외의 나무 열매로 아몬드가 있다. 『서양잡조』 권18 764화 '편도'에 다음과 같은 기록이 있다.

> 페르시아에서 난다. 페르시아에서는 파담婆淡이라고 부른다. 나무의 높이는 오륙 장丈(1장丈은 약 3.3미터), 둘레는 사오 척尺이다.

잎은 복숭아와 비슷하여 넓고 크다. 형태는 평평하다. 그래서 이것을 '편도扁桃'라고 한다. 그 과육은 쓰고 떫어 먹을 수 없지만, 핵 안의 인은 달다. 서역 제국은 모두 이것을 귀히 여긴다.

근대 이전에는 아몬드가 중국 전역으로 널리 퍼지지 않았다. 피스타치오도 아몬드와 같은 운명이었다. 『서양잡조』 '속집권 10' 1230화에 "아월(피스타치오)은 서국西國에서 난다. 번인蕃人의 말에 따르면, 호진자胡榛子와 같은 수종으로 일 년생이 진자(개암나무)이고 이 년생이 아월(피스타치오)이다"라는 내용이 나온다. 아월은 서국명의 『본초강목』에도 약으로 기재되어 있으니 옛날부터 중국에 들어온 것은 틀림없는 사실이다. 단, 피스타치오를 음식으로 먹은 기록은 없다. 피스타치오가 중국 일반 가정에 들어온 것은 경제개방이 이뤄진 최근의 일이었다.

호두와 달리 아몬드와 피스타치오가 후에 자취를 감춘 원인은 요리나 과자의 재료로 확고한 위치를 얻지 못했기 때문이다.

외래 채소 먹는 법

거여목의 내력에 관해서는 지금까지 많은 고증이 있었지만, 실제로 거여목을 어떻게 먹었는지는 거의 다루어지지 않았다. 당의 요리서가 전부 흩어진 것이 큰 원인 중 하나다. 거여목을 채소로 먹은 기록은 『당척언唐摭言』 권15에서 볼 수 있다. 맛없는 음식의 예로 나온 것을 보면 즐기던 채소는 아니었던 모양이다. 조리법도 따로 기재되어 있지 않다.

당 현종 때 조리법이 송대에 이르러 드디어 자세히 기록되었다. 『산가청공』에 "(거여목은) 데친 후 기름으로 볶는다. 취향에 맞게 생강과 소금을 넣는다. 국을 끓여도 맛있고 데쳐도 맛있다"라고 했다. 지금도 거여목은 서민의 식탁에 자주 오르지만, 먹는 법은 약간 다르다. 『산가청공』에 줄기가 긴 것은 1장이라고 쓰여 있는데, 만일 줄기까지 먹는다면 당연히 맛이 없다. 지금은 거여목의 새싹만 먹는다. 또 국이나 데침으로는 먹지 않고 오로지 볶아서 먹는다.

중국의 요리책은 문인의 손을 거친 것이 많다. 그들은 왕후 귀족의 메뉴나 사대부의 풍요로운 식생활만 남겼고 대중 요리는 대부분 빠져 있다. 진기한 것, 어딘가 색다른 것만 담아두던 습성이 요리책 분야에도 나타난다.

채소에 관해서는 특히 그렇다. 흔한 조리법은 하찮게 여겨 아무도 눈길을 주지 않았다. 덕분에 뛰어난 솜씨나 특별한 방법이 필요 없는 대중적인 요리나 가정요리 조리법은 거의 알려지지 않았다.

그 전형적인 예가 오이다. 『제민요술』 권2 '오이瓜'편에 "오이를 수확하려면 황색이 되기를 기다렸다가 딴다. 향장香醬에 담가 저장한다"라고 쓰여 있다. 이로써 육조시대 때 이미 오이를 재배하고 절여서 먹었던 것을 알 수 있다. 그러나 신선한 오이 조리법은 어디에도 찾아볼 수 없다. 맹선의 『식료본초』에 오이는 몸을 차게 하므로 많이 먹으면 안 되고 특히 아이가 먹으면 설사를 일으키기 쉽다는 기록이 있는 것으로 보아, 당대에 자주 먹던 채소임을 알 수 있다. 원래 오이는 수분이 전체의 60퍼센트를 차지하므로 익히거나 끓이는 국에는 적합하지 않다. 『식료본초』에는 오이를 식초와 함께 먹으면 몸에 해롭다고 쓰여 있다. 식초를 언급하는 점을 봐서는 주로 무쳐서 먹었을 것이다.

시금치와 관련해서는 『신당서』 '서역상·니파라西域上·泥婆羅'에 네팔에서 헌상했다는 내용이 나온다. 당 이전 내용은 기록을 찾아볼 수 없으므로 전국으로 퍼진 것은 아마 그보다 나중일 것이다. 당의 맹선이 지은 『식료본초』에 "늘 고기와 면 종류를 먹는 북방 사람은 (시금치를 먹으면) 열과 냉의 균형을 취할 수 있지만, 생선, 자라, 쌀을 주로 먹는 남방 사람은 (시금치를 먹으면) 몸이 너무 차다고 느낀다"라는 대목이 있는 것으로 보아 당대에는 북방과 남방 모두 시금치를 먹었음을 알 수 있다.

『청이록清異錄』 권상卷上 '소채문蔬菜門'에 따르면, 남당南唐 (937~975년) 시대에 재무차관이 된 종모鐘謨는 시금치를 아주 좋아하여 '우중채雨中菜'라는 애칭을 붙였을 정도였다. 또 송대 말기에 쓰인 『몽양록夢梁錄』에는 파채과자만두菠菜果子饅頭(시금치를 소로 넣은 만두)가 나온 것으로 보아, 계층의 구별 없이 모두가 시금치를 즐겨 먹었음을 알 수 있다.

또 오이와 달리 시금치는 국을 끓여도 좋고 데쳐도 맛있다. 나중에 등장한 볶는 조리법도 시금치와 잘 어울린다. 명대 이후 시금치가 널리 퍼졌던 것은 그 때문이 아닐까. 게다가 재배하기도 쉬워 서민도 간단하게 손에 넣을 수 있는 채소였다. 명의 왕세무王世懋는 『과소소瓜蔬疏』에서 "시금치는 북방에서는 적근赤根이라 하며 채소 중에서는 평범한 품종이다. 그러나 두부와 함께 조리할 수 있어 채소밭에 끊일 때가 없다"라고 했다. 현대 중국에서도 시금치는 일상적으로 먹는 채소다.

제5장

❧

양고기 대 돼지고기

기원전 770년~기원전 221년	●	**춘추전국시대** 春秋戰國時代
기원전 206년~220년	●	**한대** 漢代
221년~589년	●	**위진·남북조시대** 魏晉·南北朝時代
581년~618년 618년~907년	●	**수당시대** 隋唐時代
960년~1279년	❀	**송대** 宋代
1271년~1368년	●	**원대** 元代
1368년~1644년	●	**명대** 明代
1636년~1912년	●	**청대** 淸代

천대받은 돼지고기

사랑받은 양고기

현대 중국은 소고기와 닭고기가 가장 비싸고, 그다음이 돼지고기, 양고기 순이다. 그렇다면 옛날에는 어땠을까?

북송北宋의 도시 생활을 기록한 『동경몽화록東京夢華錄』에는 음식에 관한 기록이 많다. 특히 권2 '음식과 과일'에는 외식 요리가 상세히 소개되어 있다. 그중 음식점에서 만든 요리가 50종이나 되고 밖에서 들여온 이른바 위탁 판매 음식도 12~13종에 이른다.

음식을 식자재로 구분하면 고기 요리, 해물 요리, 채소 요리

등으로 나뉜다. 요리 종류도 찜, 구이, 삶음, 튀김, 국 등 다양하다. 육류로는 양, 닭, 거위, 오리, 메추라기, 토끼, 노루 등이 있다. 그 외에 내장 요리와 콩 등으로 만든 요리도 적지 않다.

흥미롭게도 음식 가게에서 내놓는 70종 가까이 되는 요리 중에 소고기와 돼지고기 요리는 하나도 없다. 오리고기와 토끼고기가 각각 3종, 닭고기와 거위고기가 각각 2종인 데 비해 의외로 양고기가 8종으로 단연 많다. 소는 농경시대에 생산 도구로 쓰이면서 일찍이 식용이 금지되어 식탁에 오르지 않은 것은 이해할 만하다. 그런데 돼지고기는 왜 볼 수 없을까?

『동경몽화록』 권2 '주교의 야시장' 편에는 야간의 외식 노점의 모습과 그곳에서 판매한 음식이 다수 기록되어 있다. 하지만 2~30종의 요리 중 돼지를 사용한 것은 '돼지 껍질 양념구이' 뿐이다. 이것으로 보아 권2 '음식과 과일' 편에 돼지고기 요리가 없는 것도 단순 기록 누락은 아니다.

천대받은 돼지고기

당시 사람들이 돼지고기를 먹지 않았던 것은 아니다. 『동경몽화록』 권2 '주작문외가항朱雀門外街巷' 편에 "민간에서 도살한 돼지는 반드시 이곳 남훈문南薰門을 거쳐 도성으로 들어온다. 매일 저녁이면 몇만의 돼지 무리를 불과 수십 명이 쫓아가지만 한 마리도 줄을 벗어나는 법이 없다"라는 기록이 있다. 몇만이라는 숫자의 신빙성이나 과연 그 돼지들이 모두 변경에서 소비되었는지 아니면 다른 곳으로 옮겨졌는지는 명확하지 않다. 단, 그들이 돼지고기를 먹었던 것은 거의 틀림없다. 사실 권2 '음식점' 편에 "머리와 내장을 제거한 돼지와 양이 가게 안에 걸려 있다"라는 기록이 나온다. 하지만 외식업에서는 확실히 돼지고기의 수요가 적었다.

다른 사료를 봐도 송대는 돼지고기가 '아주 싸서' 사람들이 별로 좋아하지 않았음을 알 수 있다. 송대 주지자周芝紫의 『죽파시화竹坡詩話』에 "소동파가 황주(지금의 호북성 황강현)로 좌천되었을 때 돼지고기를 예찬하는 시를 썼다"라는 내용이 나온다.

황주의 맛좋은 돼지고기, 값은 진흙처럼 싸지만 부자는 거들떠보지 않고 가난한 이는 어찌 요리할지 모르네. 돼지고기에 물을 조금 넣고 약한 불로 푹 졸이면 그 맛 비길 데 없어 아침마다 배불리 먹네. 그 누가 어찌 이 맛을 알리오.

소동파는 직접 돼지고기 요리법을 고안해 냈는데 그것이 지금의 동파육이다. 현대 중국에서는 돼지고기가 소고기와 닭고기를 잇는 고급 육류인데 왜 그때는 "진흙처럼 싸고" 신분이 높은 사람은 입에도 대지 않았을까?

송의 주휘周煇가 지은 『청파잡지清波雜志』에서 답을 찾을 수 있다. 이 책의 권9에 "이 지방에서는 고양이 사료로 돼지고기 창자를 팔았다. 돼지고기는 천한 음식이었고 최고급 육류는 양고기였다"라는 기록이 있다. 질이 낮다고 여겼기에 돼지고기의 가치는 진흙만큼 저렴했을 것이다. 『동경몽화록』 '주루酒樓'에는 "변경의 요정은 고귀한 사람을 고객으로 한다"라고 쓰여 있다. 그러한 고급 요정에서 천한 식자재인 돼지고기를 취급하지 않은 것은 전혀 이상한 일이 아니었다.

양고기가 사랑받은 이유

양고기는 몇 단계에 걸쳐 그 영향력을 확대했다. 고고학 발굴 결과로 보면 신석기시대 유적에서 출토된 동물 뼈 중 돼지가 가장 많고 그다음이 양, 소, 개다. 더구나 돼지는 2위인 양보다도 30퍼센트 가까이 많다.

앞에서도 인용했지만, 『맹자』에는 "계구시체鷄狗彘彘, 즉 닭, 개, 돼지 같은 가축은 새끼 칠 시기를 놓치지 않으면 일흔 노인도 고기를 먹을 수 있다"라는 말이 있다. 맹자가 양梁의 혜왕惠王에게 말한 치세의 조언이다. 그때 양 혜왕이 지배한 위국은 대량大梁(지금의 하남성 개봉시)이 도읍이었다. 시豕도 체彘도 돼지를 뜻하므로 기원전 3세기 무렵 개봉에서 고기라고 하면 닭, 돼지, 개를 가리켰음을 알 수 있다.

육조시대에 들어 차츰 양고기를 많이 먹기 시작했다.『제민요술』에 나오는 가축류의 가공 및 조리 용례를 보면 1위가 돼지인 점에는 변함이 없다. 그러나 양고기 사용이 크게 늘어나 돼지고기 조리 예가 37가지였고, 양고기도 31가지나 된다. 양고기는 돼지고기와 거의 막상막하이고 3위인 소는 크게 떨어졌다. 가공 용례도 돼지가 8가지이고 양은 6가지다. 중국의 사육용 양은 몽골에서 들어온 아르갈리argali 계통이었는데, 언제 중국으로 들어왔는지는 확실치 않다.『제민요술』만 봤을 때, 양고기는 육조시대부터 요리용으로 많이 사용된 것은 분명하지만 아직 돼지고기의 지위를 넘어서지는 않았다.

『동경몽화록』에는 12세기 초반 변경의 실정이 담겨 있다. 그 변경도 지금의 개봉시에 위치한다. 같은 도시임에도, 이전에는 돼지고기가 주요한 식용육이었는데 북송에 들어 양고기가 고급육이 되었다. 왜 이렇게 돼지고기의 지위가 떨어졌을까?

중국 북방에서는 옛날부터 양이 최상의 고기이고 돼지는 천한 고기였다고 하지만, 언제부터 그렇게 되었는지는 지금도 분명하지 않다.

유목 민족인 흉노족의 남하가 하나의 간접 원인일 것이다.

『후한서』권89 '남흉노전'에 따르면, 1세기에서 2세기 사이에 흉노족은 수만 명에서 수십만 명 단위로 남쪽으로 입식入植(식민지를 개척하기 위하여 다른 나라나 지역에 들어가 살거나, 그렇게 살게 하는 일)했다. 위진 이후부터는 목축이 성했던 돌궐족의 영향도 다시 커졌다.

수와 당 시대에는 선비족이 중국 북방에서 광범위하게 활약했다. 그러나 선비족의 진출은 양고기 문화와 별로 관계가 없다. 그들은 양고기를 많이 먹지 않았기 때문이다. 원래 선비족은 동부 선비와 북부 선비로 나뉘는데, 동부 선비는 수렵 민족으로 유적에서 발굴된 동물 뼈 중에 소, 말, 양의 뼈는 없었다. 북부 선비는 야생 소나 양을 포획했지만, 가축으로 사육하지는 않았다.

11세기에서 12세기 초반에 걸쳐 중원에 양고기 문화가 정착한 중요한 이유가 하나 있다. 916년 중국 북부에 거란국契丹國이 수립되고 약 30년 후인 947년에 국호를 요遼로 고쳤다. 같은 해 요의 군대가 개봉에 입성했다. 요는 개봉을 오래 점령하지는 않지만, 그 후 문화의 중심지 중원은 항상 거란족의 위협 아래에 있었다. 거듭 승리를 거두며 계속 남으로 진출한 거란족은 그들의 풍속과 습관을 중원으로 가지고 들어왔다.

거란족은 원래 유목 민족으로 목축과 사냥, 고기잡이를 하고, 곡식 농사를 지었다. 평소에는 양고기와 유제품을 많이 먹었다. 그 습관은 중원에 들어와서도 바뀌지 않았고 집권 중에는 목축 전문 관직을 다수 개설했다. '제산의祭山儀'는 거란족 황족이 천지의 신에게 제를 올리는 중요한 종교 의례다. 제사에 사용된 제물은 수말, 소, 양이었다. 민속 의례에도 양고기가 많이 등장한다. 정월 초하루에는 흰 양의 골수 지방을 찰밥에 섞어 주먹 크기로 둥글게 쥐는 의례가 있었다. 동짓날에는 흰 양, 흰 말, 흰 기러기를 잡아 그 피를 술에 부었다. 명절 의례 음식이나 제사에 바치는 음식에는 민족의 식문화가 응축되어 있다. 양이 그러한 의례에 많이 사용된 것은 그만큼 생활 속에서 중요한 음식이었다는 증거다.

『동경몽화록』에 나오는 변경은 송의 도읍이라고는 하나 지리적으로 요에 매우 가까워 항상 거란족의 군사적 위협에 노출되어 있었다. 중원에서 양고돈저羊高豚底의 식문화가 형성된 것역시 거란족의 식습관이 침투한 탓이다.

남으로 향한 양의 무리

중원에 정착한 거란족의 풍습은 중국 북방의 식육食肉 기호를 바꿨을 뿐 아니라, 후에 중국 북방의 절반을 지배한 여진족에게도 영향을 미쳤다. 1114년 금이 요를 정벌하고 이듬해 설날 정식으로 건국하여 국호를 대금大金이라 칭했다. 이로써 중국 북방지역에 요를 대신하여 여진족 정권이 수립되었다. 거란족과 달리 여진족은 양고기와 돼지고기를 모두 먹었다. 여진족의 선조는 숙진족과 말갈족인데 『진서』 권917 '숙진씨' 편에 "소와 양은 없고 멧돼지를 많이 키운다"라는 기록이 있다. 또 『구당서』 권199 하 '말갈'에서도 같은 기록을 볼 수 있다. 이로써 이전에는 여진족이 오랫동안 돼지고기만 먹었음을 알 수 있다.

요가 멸망하고 금 왕조가 들어서자 중원에 정착했던 거란족은 한족처럼 생활하기 시작했다. 물론 그들은 계속 양고기를 먹는 습관을 유지했다. 또한 북방지역에서도 많은 사람이 이주해 오고, 거란족과 다양한 형태로 왕래하는 중에 양고기를 먹는 풍습이 한층 확산했다.

여진족이 중원에 들어왔을 때 돼지고기와 양고기의 지위는 이미 역전되어 있었다. 황하 중하류지역으로 이주함에 따라 지배 민족인 그들도 차츰 양고기를 많이 먹었다. 특히 금 왕조 후기에 들어서는 오로지 양고기만 먹게 되었다. 『송막기문松漠紀聞』에 따르면, 금金이 송의 사신을 맞을 때는 밀가루, 식용유, 식초, 소금, 쌀, 간장 외에 양고기도 하루에 여덟 근이나 내었다고 한다. 게다가 육류는 양고기뿐이었다. 이제 여진족도 대부분 양고기 외에는 먹지 않았음을 알 수 있다.

한편, 송은 금에 패하고 도읍을 항주로 옮겼다. 정권 교체와 함께 대량의 주민이 북방에서 장강 하류 지역으로 옮겨 갔다. 그에 수반하여 양고기를 먹는 습관도 더욱 남하했다. 남송의 도읍 항주의 일상생활을 기록한 『무림구사武林舊事』 권6 '시식市食'에는 청하왕淸河王이 장준張俊의 저택에 행차했을 당시의 차림표가 나온다. 그중에 양의 혀를 삶아 얇게 썬 것이 있다. 또 고종高宗을 수행한 사신의 차림표에도 양고기 요리가 여러 개 나온다. 양고기 문화는 남송에도 믿기 어려울 만큼 강한 영향력을 끼쳤다.

일본요리 같은 중화요리

기름이 적은 요리

중화요리는 일반적으로 기름지다는 인상이 강하다. 물론 중국인은 그렇게 생각하지 않지만 객관적으로 봐도 기름을 많이 쓰는 것은 틀림없다. 서문에서 다뤘듯이 현대 중화요리에는 네 가지 대표적인 조리법이 있다. 초炒(볶음), 폭爆(삶거나 졸이는 가공을 거쳐 물기를 없앤 후 많은 기름으로 볶기), 작炸(튀김), 전煎(재료의 3분의 1 정도가 기름에 잠길 정도로 약한 불에 튀긴다) 네 가지다. 모두 식용유를 사용한다. 요리에 따라서는 완성된 요리에 또 참기름을 뿌리기도 한다. 찜에도 기름을 더하고 무침에도 샐러드유를 듬뿍 끼얹는다. 삶는 요리는 지방이 많은 육류를 사용하여 더욱 기름지다.

언제부터 이렇게 맛이 진한 요리를 먹었을까? 당의 위거한 이 지은 『식보』에는 58종의 요리명이 나오지만, 대부분 삶거나蒸 구운炙 요리다. 적炙은 오래 굽는다는 의미였지만, 지금은 즙이 없어질 때까지 간장으로 졸인 음식을 가리키기도 한다. 『식보』에는 요리명만 나오고 자세한 조리법은 거의 기록되지 않아 확실한 의미는 알 수 없지만 기름을 많이 사용한 볶음 요리는 아닌 게 분명하다. 『식보』에 끓는 기름으로 조리한다고 한 것은 '과문향過門香'이라는 요리밖에 없다. 실체는 명확하지 않지만 아마 튀김일 것이다.

『서양잡조』 '주식酒食'에는 127종의 요리와 과자가 나오지만, 튀김이나 볶음 요리는 찾아볼 수 없다.

채소의 생식

당의 함형연간咸亨年間에 서역으로 건너가 25년간 30개국 이상을 방문한 당의 고승 의정의 증언은 매우 흥미롭다. "동하東夏(당시 중국의 자칭)에서는 생선과 채소를 생으로 먹을 때가 많지만, 서역에서는 전부 잘 졸여서 향신료나 버터를 넣어 먹는다." 이 기록으로 알 수 있듯, 현대와 달리 당대에는 생식이 지극히 일상적인 식사법이었다.

당의 조리법을 자세히 기록한 요리책은 남아 있지 않다. 현재 참고할 수 있는 문헌은 전부 요리명만 있고 만드는 법은 나오지 않는다. 더구나 그것마저도 대부분 고기나 생선 등을 사용한 고급 요리로 채소 요리는 거의 다루지 않는다.

그러나 당의 맹선이 지은 『식료본초』에는 채소가 많이 등장한다. 제목에서 엿볼 수 있듯 본래 이 책은 의료서다. 음식을 요리로서가 아니라 양생養生과 의학의 관점에서 접근하며 육류와 채소, 과일의 치료 효과에 관해 논한다. 그중 채소 먹는 법에 관한 부분이 있다. 예를 들면, "공심채는 데쳐 먹어도 좋고 뜯어서 생으로 먹어도 좋다. 미나리는 술과 간장에 찍어 먹으면 맛있다"라고 쓰여 있다.

하지만 생식은 대부분 터부시해야 한다는 관점에서 다룬다. 이를테면, 아욱은 사계의 막달, 즉 3월, 6월, 9월, 12월에 생으로 먹으면 소화불량을 일으켜 지병이 재발한다. 서리 맞은 아욱을 생으로 먹으면 건강을 해친다. 락교도 마찬가지로 3월에는 생으로 먹어서는 안 된다고 했다. 즉, 당시에는 아욱이나 락교 등의 채소를 생으로 먹었음을 알 수 있다. 생식 습관이 없었다면 일부러 다루지는 않았을 것이다.

치료의 관점에서 생식의 옳고 그름을 논하는 채소로는 그 외에 피막이풀, 고수, 들완두 등이 있다. 다만 『식료본초』에서는 모든 채소가 아니라, 치료 효과가 있거나 반대로 몸에 나쁜 경우의 채소 생식만 다뤘다. 그래도 당대에 채소 생식이 일반적이었음을 엿볼 수 있다.

송대에 들어서도 생식의 잔재는 완전히 사라지지 않았다. 마찬가지로 『산가청공』에는 씀바귀 무침이 나온다. "(씀바귀를) 생으로 식초와 간장으로 무치는데, 너무 쓰면 생강과 소금을 더 한다"라고 했다. 씀바귀는 드문 채소여서 기록했겠지만, 그 외에 다른 채소도 아마 같은 방법으로 먹었을 것이다.

남송 고종 황제의 황후인 헌성황후는 매우 검소하여 항상 주방에서 '생채'를 내게 했는데, 그때 반드시 목단 꽃잎을 요리에 섞었다고 한다. 본래 생채는 상추는 가리킬 때가 많지만, 궁중 메뉴가 매일 같지는 않았을 테니 많은 채소를 생으로 먹었을 것이다. 이것을 굳이 기록하지 않은 이유는 채소를 생으로 먹는 게 특별히 드문 일이 아니었기 때문이다.

볶음 요리의 변천

현대 중화요리에서 주메뉴는 항상 볶음 요리다. 이 볶음 요리는 언제 생겼을까? 육조시대부터 이미 있었다는 설도 있지만,

설득력 있는 증거는 제시되지 않았다. 앞서 다뤘듯이 당 이전 문헌에서는 '볶음'이 붙는 요리명이 전혀 나오지 않는다.

가장 오래된 볶음 요리 관련 기록은 북송의 책에서 찾아볼 수 있다. 그렇다면 당 후기에 이미 볶음 요리가 있었을지도 모른다. 그러나 송에 들어서도 볶음은 주요 조리법이 아니었다. 『동경몽화록』에 나오는 볶음 요리는 허파, 조개, 게, 세 종류뿐이다. 현대에 많이 먹는 돼지고기나 닭고기 볶음 혹은 생선이나 새우 볶음은 아예 없다. 도읍인 변경의 음식점 차림표에 그런 요리가 없었다는 것은 볶음 요리가 문화 중심지에서 아직 널리 확산되지 않았음을 보여준다.

송이 금과의 전쟁에 패하여 남방으로 도읍을 옮긴 후 차츰 볶음요리를 많이 접하게 되었다. 남송 후기의 책으로 추정되는 『옥식비玉食批』에는 황제에게 진상하는 요리가 다수 기록되어 있는데, 메추라기 볶음이나 드렁허리 볶음 등 그때까지는 볼 수 없던 볶음 요리가 나온다.

원래 볶음 요리는 예전에 '남초南炒(남쪽의 볶음 요리)'라고 불렀다. 『옥식비』에 나오는 드렁허리 볶음은 원문에서는 '남초만南炒鳝('鳝'은 드렁허리라는 의미)으로 표기되었다. 볶음 요리는 아마 어패류같이 단시간에 가열해야 하는 식자재가 풍부한 남방 연해 지역에서 생겨났을 것이다. 『옥식비』의 볶음 요리 중 절반은 어패류를 식자재로 한다.

남송의 『산가청홍』이라는 요리책은 전원에 집을 짓고 검소한 식생활을 하며 보내는 것을 신조로 삼은 저자의 인생관을 나타낸 책이므로, 싱싱한 채소 요리가 많이 등장한다. 그중 특히 채소 볶음이 많은 점이 흥미롭다. 예를 들면 '원수채元修菜'라는 요리는 "들완두 싹은 참기름으로 볶아 소금과 간장으로 간을 한다"라고 했다. 그 요리법은 현대의 들완두 싹 조리법과 거의 같다.

단, 남송에 들어서도 볶음 요리는 아직 주요 조리법이 아니었다. 『산가청공』에 많은 요리가 올라와 있지만, 볶음 요리는 5~6종밖에 없다. 마찬가지로 남송의 『옥식비』에는 98종의 요리명이 나오지만, 메추라기 볶음, 개구리 볶음, 순무 게 볶음, 돼지 신장 볶음, 드렁허리 볶음 등 '볶음'이라는 이름이 붙은 요리는 5~6종뿐이다.

볶음 요리도 지금과는 달랐다

같은 볶음 요리라도 송대의 볶음은 현대와 미묘하게 다르다. 『산가청공』에 지금과 같은 채소 볶음은 앞에 나온 들완두 싹 볶음 한 가지뿐이다. 그 외에는 전부 현대의 볶음과 다르다.

예를 들면, 지금도 자주 먹는 '거여목 볶음'이라는 채소 요리가 있는데『산가청공』에서는 거여목을 일단 끓는 물에 데치고 나서 기름에 볶는다고 했다. 볶음 요리는 원래 기름의 온도를 이용해 순간적으로 가열하여 풍미를 식자재 안에 배게 하는 것이 목적이다. 채소를 데친 후에 볶으면 떫은맛은 없앨 수 있지만 볶는 효과는 거의 기대하기 어렵다.

완탕을 만들 때도 죽순과 고사리를 부드럽게 하려면 각각 데쳐 기름에 볶은 다음 조미료로 간을 하는데, 이것도 중간 가공법의 용례라고 볼 수 있다.

단, 같은 중간 가공법이라도 '산가삼취山家三脆'라는 요리는 죽순과 버섯과 구기자를 볶은 후에 국으로 만든다. 또『산가청공』의 '만산향滿山香'에는 찜 요리를 소개하고 있는데, 물을 일절 사용하지 않고 오로지 기름으로 볶아 (채소에서) 즙이 나오면 간장과 조미료를 섞어 뚜껑 있는 도기 그릇에 찐다고 했다. 어떤 요리든 먼저 볶기 때문에 순간 가열의 효과가 있다. 특히 "물을 일절 사용하지 않고 기름으로 볶는다"라는 말이 나오는 것으로 보아, 볶음 요리의 장점을 의식적으로 활용하고 있음을 알 수 있다. 이러한 조리법은 채소에 한하지 않는다. '동파두부'도 두부를 기름으로 지지고 조미료를 넣어 졸이는 요리다. 고기나 생선 요리로는 원대의『거가필용사류전집』에 사천풍 닭고기 볶음이라는 요리가 나온다. 송말宋末에서 원대元代에 걸쳐 볶음 요리는 차츰 육류의 가공으로 확대되었다.

담백한 송의 요리

일본요리와 중화요리의 가장 큰 차이는 두 가지다. 첫째, 일본
요리는 담백하지만 중화요리는 기름지다. 둘째, 일본요리는 연
한 맛을 고급으로 치고 중화요리는 진한 맛을 고급으로 친다.

하지만 『산가청공』 등 송대의 요리책을 읽으면 당시의 요리
에는 기름을 별로 사용하지 않았음을 알 수 있다. 필자는 가끔
그런 요리서의 조리법을 바탕으로 직접 당시의 음식을 재현해
본다. 그런데 완성된 요리를 보면 놀랍게도 어떤 요리든 기름
기가 적어 현대 중화요리와 전혀 이미지가 다르다. 오히려 일
본요리처럼 담백하다.

게살을 유자 껍질에 담아 찐 '해양등蟹釀橙'이라는 요리가 있
는데, 만드는 법은 대략 다음과 같다. 큰 유자를 골라 꼭지 부분
을 제거하고 속을 도려낸다. 과즙을 조금 남기고 그 안에 게장
과 게살을 담는다. 제거한 꼭지 부분을 뚜껑으로 하여 작은 찜
기에 넣고 술과 식초를 넣은 물로 찐다. 겉보기에도 전혀 중화
요리 같지 않다. 현대와는 전혀 다른 조리법이다.

'산해두山海兜'라 불리는 해물찜 요리도 있는데, 마찬가지로
버섯과 고사리의 연한 부분을 잘라 데쳐 두고 신선한 새우와
생선을 토막 내어 끓는 물에 담갔다가 찐다. 찐 생선과 새우에
데친 버섯과 고사리를 넣고 간장, 소금, 후추, 식용유로 간을 한

다음 소로 사용한다. 녹두 전분으로 만든 얇은 피로 춘권을 만들어 소를 싸서 하나씩 쟁반에 올려 찐다. 식용유를 사용하지만, 버섯과 고사리가 식용유를 잘 흡수하여 맛은 담백하다. 이 요리도 중국에서는 이미 전해지지 않는다.

일본요리는 죽순이나 표고를 조리할 때 기름을 별로 사용하지 않고 데치거나 쪄서 가공할 때가 많다. 교토의 한 음식점에서 죽순 요리를 먹은 적이 있다. 전채에서 후식까지 전부 죽순을 사용한 코스 요리였는데, 그때 죽순을 데쳐서 그대로 내놓은 것을 보고 놀랐다. 중화요리에서는 죽순을 기름으로 볶거나 튀기는 것이 일반적이라, 데치거나 찐 죽순은 요리라고 생각하지 않기 때문이다.

그러나 송대에는 그렇지 않았다. 『산가청공』 '버섯 술조림'에 일본음식과 비슷한 조리법이 나온다. 버섯에 물을 넣고 살짝 익을 때쯤 고급술을 넣어 졸여준다. 죽순을 더하면 더 좋다. 식용유는 사용하지 않는다. 현대에는 생각할 수 없는 방식이다.

문인의 취향과 미각

채소 조리법

과거의 요리 문화를 정리하다 보면 누구나 한 가지 난관에 부딪친다. 즉, 어떤 계층의 요리를 그 시대의 대표 요리로 정할 것이냐다.

궁중 요리는 분명 각 시대 요리 문화의 결정체이지만, 그렇다고 서민 생활을 무시할 수는 없다. 중국의 문인 계층은 호화로운 식생활을 즐기지는 못했지만, 그들만의 세계관이나 독자적인 미의식을 음식에 반영해 왔다. 그래서 그들은 자신의 식생활을 종종 기록으로 남겼다.『산가청공』이 그런 사례다. 이 요리서만으로 송의 식생활 전체를 헤아리는 일에는 물론 무리가 있다. 단, 기록된 조리법으로 당시 어떠한 조리법을 주로 사용했는지는 대략 유추할 수 있다.

『산가청공』에 나오는 채소 조리법 중에 가장 많은 것이 데친 나물이다. 그 뒤를 이어 국, 볶음, 튀김 순이다. 나물과 국을 합해 20종 이상이지만, 볶음은 중간 가공을 포함해도 6종밖에 되지 않는다. 튀김은 더 적다.

나물 중에 지금도 먹을 수 있는 것은 미나리와 배추, 상추 정도다. 같은 나물이라도 송대 미나리나물은 초절임으로 간장과 참기름을 사용하는 현대의 미나리나물과는 전혀 맛이 다르다. 현대 중국에서는 쑥부쟁이, 쑥갓, 무, 오이 등도 간장과 참기름으로 무쳐 먹지만, 송의 요리서에는 이와 같은 방식을 찾아볼 수 없다.

부추는 현재도 만두소로 사용되어 서민에게 널리 사랑받고 있다. 요리로 만들 때는 예외 없이 볶음이다. 그러나 송대에는 현대와 달리 부추를 데쳐 나물로 먹었다. 어떤 양념을 사용했는지는 나와 있지 않지만, 어쨌든 이 음식은 현대인에게 익숙하지 않은 맛이다. 또 죽순, 고사리, 순나물과 버섯류는 옛날에는 나물로 먹었지만, 지금은 나물로 먹지 않는다.

정확히 말하면 현대 중국에는 이제 기름을 사용하지 않는 나물이 없다. '반채拌菜'는 데친 채소를 간장과 참기름으로 무친

요리다.

송대에는 소금과 간장을 중심으로 회향풀이나 후추 같은 향신료가 더해진 요리가 많았고 식용유는 넣지 않았다. 기름을 넣지 않는다는 점에서 현대와는 많이 다르다. 이는 오히려 일본의 나물 요리법과 더 비슷하다.

맑은국

나물 요리 다음으로 많이 먹는 채소 요리는 '갱羹', 즉 국이다. 갱은 원래 고전적인 요리로 춘추시대의 문헌에서도 볼 수 있다. 송대에 새로운 조리법이 많이 등장하지만, 그래도 '갱'은 주요 조리법 중 하나였다.

『산가청공』을 보면 거여목, 무, 무청, 아욱, 쑥갓 등 많은 채소류가 국에 사용되었다. 채소 외에 육류나 어류는 넣지 않고 국을 끓였는데 현대에는 가난한 산촌을 제외한 대부분 지역에서 이미 자취를 감췄다. 적어도 사람들은 그런 국을 정식 요리라고 생각하지 않았다. 배추, 양배추, 냉이, 무는 현대에도 국으로 먹지만, 반드시 고기가 들어간다. 거여목, 무청, 아욱, 쑥갓이나 미나리 등을 국으로 만든다는 말은 요즘에는 거의 들어보지 못했다.

송대의 국과 현대의 국이 다른 점은 기름 사용법에 있다. '리당갱驪塘羹'은 무와 무잎을 채 썰어 우물물에 풀어질 정도로 뭉근하게 졸인 국이다. 청과 백이 섞인 색감으로 식사 후에 먹으면 어떤 음식보다도 맛이 좋다고 한다. 이 묘사에서 푸른 채소가 사용되었음을 알 수 있다. 기름을 넣지 않는다는 점에서 현대의 국과는 완전히 다르다.

필자는 일본에 와서 연회용 코스 요리를 대접받은 적이 있다. 국이 나왔을 때, 백탕白湯처럼 투명한 국에 흰살생선 한 토막이 담긴 것을 보고 굉장히 놀랐다. 밋밋한 요리겠거니 생각하면서 한 모금을 들이키니 의외로 깊은 맛이 났다. 지금의 중화요리 국은 색이 진한 만큼 맛도 농후하여 물처럼 투명한 국은 하나도 없다.

하지만 송대에는 일본요리와 똑같은 국이 있었다. 『산가청공』에는 '벽윤갱碧潤羹'이라는 요리가 나온다. 미나리를 삶아 맛을 낸 국으로 맑고 구수하다고 한다. 깊은 계곡의 초록 여울 같아서 '벽윤갱'이라는 이름이 붙었다. 물론 기름은 전혀 사용하지 않았다.

이 국이 당시 대표적인 요리였다고 단언하기는 어려워도, 남송의 요리 문화 속에서 널리 사용된 기본 조리법인 것은 틀림없다. 사실 그 외 채소국에도 고기가 들어가지 않아 국의 색은 별로 진하지 않았다.

언제부터 국이 기름지게 되었을까

기름이 들어가는 국도 옛날에는 지금처럼 기름을 듬뿍 넣지 않았다. '산가삼취山家三脆'는 죽순, 버섯, 구기자를 볶은 후에 끓인 국이지만, 죽순에 기름이 잘 배어 기름기를 거의 느낄 수 없다.

물론 그런 담백한 국을 궁궐에서도 먹었는지는 명확하지 않다. 송의 고종에게 바쳤던 밥상에 '삼취갱三脆羹'이라는 국이 있는데, 기름지지 않은 국을 고급 요리로 보았기에 황제에게 진상하지 않았을까 유추할 뿐이다. 이런 의미에서 보면, 궁궐의 식문화가 문인의 미각이나 서민의 식생활과 완전히 동떨어져 있지는 않았다.

흥미롭게도 송대에는 기름이 들어가는 국이 새로운 요리였다. 『산가청공』의 저자 임홍은 어느 날 생강과 유채를 삶아 국을 끓였다. 본인은 완성했다고 생각했는데, 친구가 찾아와서는 새 조리법을 알려줬다. 채소를 삶을 때 물이 약간 끓어오르면 식용유와 간장, 볶은 향신료 분말을 넣어 바로 국으로 끓이는 방법이다. 완성된 후 먹어보니 아주 맛있었다. 하지만 사용된 조미료를 보면 새로 넣은 것은 식용유뿐이었다. 사실 『산가청공』에 나오는 국 중에는 기름을 넣지 않은 국이 기름을 넣은 국보다 많다.

송대 채소 요리와 현대 채소 요리에는 또 한 가지 결정적 차이가 있다. 송대에는 나물이나 국 혹은 볶음에 상관없이 대부분 생강을 양념으로 넣었다. 예를 들면, 거여목 볶음에도 생강을 넣고 가지와 비름을 데친 것에 지나지 않는 '태수갱太守羹'에도 반드시 생강이 들어갔다.

소동파는 옛날에 '동파육'을 만든 적이 있다. 재료는 배추와 무청 혹은 무와 냉이다. 쓴맛을 뺀 다음, 잎을 끓는 물에 데쳐 생쌀과 생강을 조금 더하고, 마지막에 끓여서 완성한다. 현대에는 이런 채소를 조리할 때 생강을 넣지 않는다. 생강은 대부분 고기나 생선 요리에만 사용하고 가지 외에는 채소 요리와 연이 없다.

식자재의 변천

현대 중화요리에서 꽃은 기껏해야 두세 종류를 제외하면 식용으로 쓰지 않는다. 국화꽃을 말려 차로 마시기는 해도 먹는 경우는 거의 없다. 특히 식물의 잎은 기근 시 비상식으로 평소에는 거의 입에 대지 않는다. 그에 비해 일본요리는 다양한 잎을 요리에 사용한다. 특히 지방에서는 많은 식물의 잎을 튀김으로 먹는다.

중국도 송대에는 많은 꽃과 잎을 먹었다. 요리에 사용한 꽃 종류도 다양하다. 『산가청공』만 보더라도 국화꽃, 매화꽃 외에 모란꽃, 치자나무꽃, 연꽃 등이 있다. 하지만 문인 사이에 꽃은 풍류의 마음을 담은 은유의 표현으로 많이 사용되었다. 식용 꽃의 재배를 기록에서 많이 볼 수 없기에 일반적인 식습관이었다고 하기는 어렵지만, 옛날이 후세보다 식자재 선택의 폭이 넓었던 것은 부정할 수 없다.

잎도 예전에는 후세만큼 멀리하지 않았다. 보드라운 버드나무 잎은 부추와 함께 나물로 만들어 먹었고, 일본병꽃나무 잎도 국에 사용했다. 또 회화나무 잎도 밀가루에 섞어 면으로 먹었다. 모두 지금은 생각할 수 없는 식용법이다.

식자재에도 변화가 있었다. 현재 중국에서는 우엉을 먹지 않고 재배한 전량을 수출한다. 그러나 송대에는 우엉이 당당한 식자재였다. 우엉을 요리에 사용한 예로 우엉을 쪄서 말린 요리가 있다. 우엉의 껍질을 벗기고 삶은 후 방망이로 두드려 수분을 제거한다. 소금, 간장, 회향, 생강, 식용유 등을 발라 하루 이틀 재운 후 불에 쬐어 말리면 말린 고기 같은 맛이 난다고 했다. 현대에는 이 요리가 전해지지 않는다.

제6장

젓가락이여! 너마저

젓가락은 왜 세로로 놓았을까?

젓가락 놓는 방향이 다른 중국과 일본

일본에서는 젓가락을 가로로 놓는 게 상식이다. 반대로 중국에서는 세로로 놓는다. 젓가락 놓는 법으로 비교문화론까지도 펼쳐 보고 싶지만, 그 전에 먼저 궁금한 점이 있다. 젓가락은 중국에서 전해졌는데 왜 일본인의 젓가락 사용법은 중국과 다를까? 필자의 경험으로는 도저히 있을 수 없는 일이다. 일본과 중국의 국교가 회복된 후 스키야키와 스시가 중국에 들어왔다. 처음 일본요리를 앞에 뒀을 때 우리는 먹는 법과 식사 예법부터 배웠다. 외국 요리를 가능한 한 본고장처럼 맛보고 싶은 것

그림2 당대의 연회(황실벽화)

은 인간의 공통된 심리다. 고대 일본도 예외가 아니었다. 일본
이 처음부터 젓가락을 가로로 놓은 것은 아니라고 주장하려면,
중국에서는 고대부터 젓가락을 세로로 놓았음을 증명할 수 있
어야 한다.

사실 나는 오히려 다른 가설을 세워 보았다. 일본에서 젓가
락을 가로로 놓는 것을 볼 때, 중국도 고대에는 그렇게 하지 않
았을까 하는 가설이다. 오랜 역사 속에서 중국은 어떠한 이유
로 젓가락을 가로에서 세로로 놓게 되었지만, 일본은 아직 원
래대로 하는 게 아닐까 생각한 것이다. 이를 증명하고자 다양

한 자료를 조사했지만, 전혀 단서를 찾지 못했다. 곰곰이 생각하니 이상할 것도 없었다. 다른 중요한 일들이 많아 젓가락 놓는 법 따위 평소에 아무도 신경 쓰지 않고 기록하려고도 하지 않았을 테니까.

문헌 조사를 거의 포기하려던 즈음에 생각지 않게 당대 벽화에서 증거를 찾게 되었다. 1987년 섬서성 장안현 남리왕촌에서 당대 중기의 고분을 발굴하던 중에 묘실 벽화를 발견한 것이다. 연회 장면을 그린 이 벽화에는 낮은 탁자 위에 가로로 놓인 젓가락이 확실히 보인다(그림2).

증거는 이뿐만이 아니다. 돈황 막고굴 473 벽화에도 연회 장면이 나오는데, 역시 젓가락과 숟가락이 가로로 놓였다. 또 유림 25 고분에도 결혼 피로연 장면을 그린 벽화가 있다. 그림은 파손되어 일부밖에 볼 수 없지만, 남성 앞의 젓가락이 가로로 놓인 것을 확인할 수 있다. 적어도 당대까지는 중국도 젓가락을 가로로 놓았음이 증명된 셈이다.

송, 원의 변화

가로로 놓았던 젓가락을 언제부터 세로로 놓게 되었을까. 당의 이상은이 지은 『잡찬雜纂』 권상 '악모양惡模樣'에는 "젓가락을 사발 위에 가로로 놓는 것"을 나쁜 예법의 예로 들었다. 물론『잡찬』에서 그렇게 했다고 그것이 반드시 사회통념을 대표한다고는 할 수 없다. 오히려 현대의 평론가들처럼 개인 취향에서 사회 상식이나 매너를 역설적으로 비판했던 것인지도 모른다.

청의 양장거는『낭적속담浪迹續談』권8에서 "젓가락을 사발 위에 가로로 놓는 풍습은 후대에도 남아 있었다"라고 증언했다. 원래 젓가락을 사발 위에 가로로 놓는 것은 함께한 사람보다 먼저 식사를 마쳤을 때 겸손의 뜻을 나타내기 위한 것이었지만, 명의 태조가 이 습관을 싫어하면서 그 후로 나쁜 예법으로 여기게 되었다는 설이다.

양장거의 설에 따르면, 식후 사발 위에 젓가락을 가로로 놓는 게 예법에 어긋난다고 간주하기 시작한 것은 명대의 일이다. 대신 그 연속 선상에서 식전에 젓가락을 가로로 놓는 습관도 터부시되었다면, 젓가락을 세로로 놓는 습관은 명대에 시작되었다고도 볼 수 있다.

하지만 실제로는 문제가 그리 간단하지 않다. 산서성 고평의 개화사에 〈선사태자본생고사善事太子本生古事〉라는 제목의 송대 벽화가 있다(그림3). 그림은 그리 명료하지 않지만, 젓가락이 세로로 놓여 있음은 알 수 있다.

〈한희재야연도韓熙載夜宴圖〉라는 그림 두루마리가 있는데 남당南唐의 대신을 지낸 한희재가 환락에 빠진 생활을 그린 그림으

그림3 〈선사태자본생고사〉(송대의 벽화)

그림4 『사림광기』의 삽화

로, 오대五代의 화가 고경중高閱中의 작품이라 전해진다. 그러나 그림 기법이나 그림 속 인물의 복장과 자세로 보아 제작 연대는 남당이 아닌 송대 초기로 추측된다는 1970년대의 연구결과가 나왔다.

이 〈한희재야연도〉는 복수의 판이 있고 세부가 미묘하게 다르다. 북경 고궁박물관 소장판에는 젓가락이 보이지 않으나 '영보재목판수인본'에는 젓가락을 확인할 수 있다. 게다가 그 젓가락은 세로로 놓여 있다. 이것이 원래 그림에 그려져 있었는지 아니면 후세 사람이 손을 더했는지는 확실하지 않다. 어느 쪽이든 젓가락을 세로로 놓는 풍습이 송대 이후에 나타난 것만은 분명하다.

『사림광기事林廣己』에는 몽골 관리가 주사위 놀이를 하는 모습을 그린 삽화가 있다(그림4). 그 오른쪽 탁자에 요리, 호리병, 잔과 함께 젓가락이 세로로 놓여 있다. 『사림광기』는 송의 진원정陳元覿이 편찬했으나 원판에 과실이 있어 원대에 증보판을 간행하여 널리 유포되었다. 삽화는 원대의 것이 섞여 있다. 즉, 송대宋代, 늦어도 원대元代에 들어서는 이미 젓가락을 세로로 놓는 습관이 정착했다.

명대에는 인쇄술의 발달로 삽화를 넣은 책이 다수 출판되었다. 식탁 장면을 보면 역시 젓가락을 세로로 놓았다. 만력연간萬曆年刊에 간행된 『금벽고사金璧故事』의 삽화가 그 예다(그림5).

그림5 『금벽고사』의 삽화(명대)

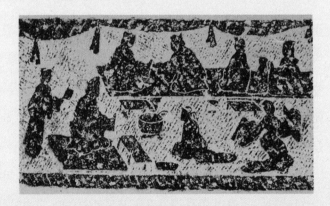

그림6 〈출행연악화상〉(후한시대)

당에서 송에 걸쳐 식생활 양식에 큰 변화가 일어났다.

후한의 고분에는 그림을 돌에 조각한 화상석畫像石을 많이 사용했는데, 이 화상석으로 당시 음식이나 식습관의 단면을 알 수 있다. 사천성 성도에서 출토된 〈출행연악화상出行宴樂畫像〉(그림6)에는 후한의 연회 장면이 나온다. 참석자들은 모두 돗자리 위에 앉아 먹고 마시며 음식은 짧은 다리가 달린 상 위에 놓여 있다. 옛날에는 의자와 식탁을 사용하지 않았던 것이다.

당대의 풍습을 이해하는 데 흥미로운 그림이 또 있다. 대만 고궁박물관에 소장된 〈궁악도〉(그림7)이다. 현존하는 것은 송대의 모사본摹寫本으로 원본은 당대 중기에 제작되었다. 음악을 들으면서 차를 마시는 장면이지만, 궁궐 생활에 의자와 식탁이 완전히 자리 잡았음을 알 수 있다.

이 〈궁악도〉와 섬서성 장안면 남리왕촌의 묘실 벽화는 제작 연대가 똑같이 당 중기다. 그런데 양쪽을 비교하면 의자와 식탁과 외형이나 사용법이 다르다. 아마 당 중기에는 계층에 따라 사용하는 세간살이와 사용법도 확연히 달랐던 모양이다.

그렇다면 이처럼 식사 때 식탁을 사용하는 풍습은 언제부터 시작되었을까? 앞서 언급한 〈한희재야연도〉를 보면 송대 초기 의자와 식탁 사용은 현재와 거의 다르지 않다. 그러나 이 그림

그림7 〈궁악도〉(당대 중기)

그림8 〈연음〉(송대의 벽화)

에는 권력 중추에 있던 최고 관료들이 등장하며, 그들의 생활은 서민과 같지 않았다. 과연 서민의 생활은 어땠을까?

송대 고분에서 출토된 벽화 중에 〈연음宴飮〉이라는 그림이 있다(그림8). 그림 속 인물은 묘의 주인이지만 신분은 명확하지 않다. 복장과 세간살이를 보면 상류층은 아니나, 하인을 고용한 점으로 보아 어느 정도의 지위와 경제력은 있었을 것이다. 아마 하급 관리나 소상인이 아니었을까?

이 〈연음〉에 나오는 의자와 식탁은 〈한희재야연도〉에 나오는 정교한 의자나 식탁과 달리 만듦새가 조잡하다. 하지만 이 벽화로 송대에는 서민들도 의자와 식탁을 일상적으로 사용했음을 엿볼 수 있다.

젓가락을 세로로 놓은 이유

돗자리 생활에서 식탁 생활로 바뀐 점은 젓가락과는 직접적인 연관이 없다. 왜 송에서 원 사이에는 가로로 놓던 젓가락을 세로로 놓게 되었을까?

당과 송 사이의 중국은 5대 10국이라 불린 동란의 시대다. 그 사이에 북방의 기마 민족이 차례차례 중원에 들어와 왕조를 세웠다. 그에 따라 많은 이민족이 한족의 주거지로 이주해 왔다.

몽골 요리에는 칼이 세로로 놓인다. 5대 10국 시대에 기마 민족의 식생활도 함께 왔을 것이다. 그들은 목축에 종사하고 있어 고기를 주식으로 했다. 식사 때는 당연히 칼을 사용했는데, 방심하면 상처를 입을 우려가 있었다. 따라서 식사 때는 자연스럽게 칼 앞부분이 몸과 반대 방향을 향하게 두었다. 이주해 온 사람들이 칼을 사용하는 습관을 그대로 갖고 왔을 테니 칼과 똑같이 젓가락도 세로로 놓았던 것을 상상하기 어렵지 않다. 이는 포크와 나이프를 사용하는 서양의 식사 예법을 봐도 알 수 있다.

고대부터 연회는 황제의 권위를 나타내기 위한 의례로 많이 열렸다. 이민족 정권도 황제로 이름을 올리고 연회의 관습을 이어받았다. 문화의 중심인 궁궐에서도 황제를 비롯한 기마 민족의 고급 관리들은 분명 무의식중에 젓가락을 세로로 놓았을 것이다. 그러면서 젓가락을 세로로 놓는 풍습이 자연스럽게 상층부로 침투했다. 더욱이 중국에서는 단면이 둥근 젓가락을 자주 사용했다. 의자와 식탁 생활에서는 젓가락을 세로로 놓으면 식탁에서 잘 떨어지지 않는 이점도 있었다.

흥미롭게도 의자와 식탁의 보급 및 젓가락 놓는 법의 변화는 거의 같은 시기에 일어났다. 의자는 서역에서 전해진 가구로 옛날에는 호상胡床이라 불렀다. 처음에는 접이식이었으나 후에 현재와 같은 형태로 진화했다. 앞서 말했듯이 송원宋元 이후 민간에도 의자와 식탁이 보급되면서 젓가락도 가로놓기에서 세로놓기로 바뀌었다. 물론 양자 사이에 직접적인 인과 관계는 없지만, 먼 옛날로 상상력을 펼치게 하는 역사적인 우연임은 분명하다.

젓가락과 숟가락의 역할 분담

젓가락 사용법은 계속 변화해 왔다. 젓가락은 옛날부터 있었는데, 항상 숟가락과 함께 사용했다. 1장에서 말했듯이 춘추시대에는 젓가락으로 밥을 먹는 습관이 아직 없었다.

　당대에 들어서도 젓가락과 숟가락은 거의 반반으로 사용했다. 밥을 먹을 때도 젓가락이 아닌 숟가락을 사용했다. 『당척언唐摭言』 권15 '민중진사閩中進士'에서 동궁의 관리 설영지薛令之는 주요 자리에 임명되지 못한 한을 시로 썼다.

　　차츰 솟아오르는 아침 햇살이 스승의 소반을 비추네.

　　소반 어디에도 없는 거여목은 난간에서 뻗어가는구나.

　　밥알은 끈적하여 숟가락에서 떼어지지 않고

　　맑은 국은 그저 젓가락 사이로 흐르네.

　이 시를 읽은 현종은 화가 나서 그렇게 싫으면 먹지 말라는 뜻의 시를 썼다. 현종의 시를 읽은 설영지는 두려움에 떨며 사직한 후 낙향했다.

시구의 마지막 두 구절을 읽으면 당시 밥을 먹는 데는 숟가락을, 국의 건더기를 건지는 데는 젓가락을 사용했음을 알 수 있다. 이는 개원연간(713~741년)의 일이다.

한편, 요리의 종류가 많아지면서 젓가락 없이는 집을 수 없는 요리도 점차 늘었다. 당의 마찬馬贊이 지은 『설선잡기雪仙雜記』권5에는 "왕진王縉이라는 자는 오리의 간과 돼지 위 요리를 좋아하여 술을 마실 때 이 두 요리가 없으면 젓가락을 손에 들지 않았다"라는 내용이 나온다. 여기서도 요리를 집을 때 젓가락을 사용했음을 알 수 있다. 당대에는 연회에 숟가락을 놓지 않고 젓가락만 사용하기도 했다(그림2).

젓가락이 주역으로 등장하다

현대 중국에서는 젓가락이 주된 식사 도구이고 밥과 반찬 모두 젓가락을 사용해 먹는다. 일본에서는 볶음밥이나 카레라이스는 숟가락으로 먹지만, 중국에서는 볶음밥도 젓가락으로 먹는다. 완탕이나 국 등을 제외하고는 거의 숟가락을 사용하지 않는다. 밥도 숟가락으로 먹던 당대와는 전혀 다르다. 한국에서는 지금도 숟가락으로 밥을 먹는데 어쩌면 고대의 자취일지도 모른다.

젓가락을 사용하여 밥을 먹는 습관은 언제부터 시작되었을 까?『동경몽화록』'음식점' 편에 송대의 식당 모습과 요리 및 손님의 주문 방식이 자세히 기록되어 있는데, 그중에 흥미로운 기록이 있다.

어느 가게든 각각 맨 중앙 홀과 동서 양쪽에 방이 있어, 몇 번 몇 번이라고 방 번호를 부른다. 손님이 앉으면 남자 종업원이 젓가락과 종이를 한 차례 손님에게 건네며 주문을 받는다.

이 인용에 나오는 '종이'는 '지화紙花'라고 하여 젓가락을 닦기 위한 냅킨이다. 송대 음식점에서 손님을 맞을 때 젓가락은 내지만 숟가락은 내지 않는 점이 흥미롭다.

젓가락과 면

『동경몽화록』 같은 장에 면을 소개하는 구절이 있다.

면과 고기가 절반씩 들어 있는 것을 '합갱合羹'이라고 한다. '단갱啤羮’이라는 것도 있는데, 이것은 면뿐이거나 고기가 한 조각 뿐이다. 이전에는 숟가락만 사용했지만, 지금은 모두 젓가락을 사용한다.

여기서 ‘면麵’은 현재와 거의 동일한 의미로 쓰인다. 옛날에는 면을 먹을 때도 숟가락을 사용했다. 아마 외식업뿐만 아니라 가정에서도 같았을 것이다.

하지만 면을 먹을 때는 숟가락보다 젓가락이 훨씬 편리하다. 누구나 알고 있는데 왜 송대에 들어 비로소 젓가락을 사용하게 되었을까? 그 원인은 면의 외형과 관련이 있다. 중국에서는 밀가루 음식의 형태가 반드시 가늘고 길어야 한다고 한정하지 않고 모두 ‘탕병湯餅’이라고 칭했다. 그런데 송대에 이르러 변화가 일어났다.

면은 밀가루를 원료로 하는 음식이므로 흔히 북방 음식이라는 이미지가 있다. 그러나 송대는 그렇지 않았다.『몽양록』권16 ‘면식점麵食店’에 따르면, 북송 때 수도 변경에서는 남방 사람들을 위해 남식南食, 면점麵店, 천반川飯, 분차分茶 등이라고 불리는 남방요리점을 열었다. 여기서 ‘면점’은 면 가게를 말하는데 면은 남방 음식이었다. 가늘고 긴 면 역시 남방에서 북방으로 퍼졌다. 이 면의 북상과 함께 젓가락도 자연스럽게 주식에 사용되었다.

면의 기원

면 문화의 발전은 송대 상업의 번영과 깊은 연관이 있다. 『동경 몽화록』과 『몽양록』의 기록으로 볼 때 당시에는 음식업이 매우 번성하였다. 북송 화가 장택단의 〈청명상하도淸明上河図〉가 하나의 방증이다.

〈청명상하도〉는 자주 눈에 띄어 별로 주의 깊게 보지 않았겠지만, 사실 그림 속에 나오는 변경, 즉 개봉의 도시 풍경은 당시로는 최첨단이라 만일 당대唐代 사람이 봤다면 놀라 기겁했을 것이다. 3장에서 기술했듯이 당대 장안에서는 방시분리坊市分離가 실시되어 동시와 서시를 없애고 시내 점포 운영을 금지했다. 이 규제는 상업, 특히 음식업의 자유로운 발전에 큰 걸림돌이 되었다.

송북 시대에 들어 도시 규모가 더욱 확대되면서 도시 관리도 완화되었다. 황성皇城인 변경에서는 어디서든 자유로이 점포를 차릴 수 있었다. 이러한 큰 정책 전환은 음식업의 번성을 촉진했을 뿐 아니라 음식 제조법도 다양해지는 결과를 낳았다. 또한 각지에서 가져온 식품과 조리법 등을 교류하면서 새로운 음식이 개발되고 조리 기술이 계속 향상되었다.

면이 언제 발명되었는지는 문화사의 수수께끼다. 한대漢代에 이미 있었다는 주장도 있지만, 설득력은 떨어진다. 이 문제는 면을 어떻게 정의하는가와도 연관이 있다. 한대에 지금처럼 가늘고 긴 면이 있었다고 증명할 수 있는 역사적 자료는 없다. 그뿐만 아니라 한대 고분에서 출토된 실물도 없다. 지금과 같은 면을 만들려면 밀가루에 간수(알칼리 염수 용액)나 소금을 넣어야 한다. 이렇게 만들어진 면이 등장한 것은 한대보다 훨씬 나중이다.

면을 한자로 쓰면 '납면拉麵', 즉 잡아당긴 면이라는 의미이다. 이 말인즉 면은 문자 그대로 손으로 잡아당겨 만들었다. 하지만 물로만 반죽해서는 길게 잡아당길 수 없다. 간수를 넣으면 면 반죽이 부드러워져 탄력 있는 면을 만들 수 있다. 소금을 넣어도 되지만 간수만큼 효과가 나지는 않아 길게 잡아당길 수 없어 우동처럼 두꺼운 면밖에 만들지 못한다.

면의 발전사에서 본다면 아마 처음에는 물을 넣고 반죽했다가 마침내 소금을 넣으면 탄력이 생긴다는 사실을 알게 되었을 것이다. 간수의 효과는 그 후에 알게 되었으리라 추정한다. 소금을 넣는 것은 대단한 발견이 아니라 소금 맛 호병을 만드는 과정에서 간단하게 연상했을 것이다. 이에 반해 간수의 첨가는 일대 발견이지만 언제 누가 발견했는지 지금으로서는 알 길이 없다.

물을 끓여 면다운 면을 만든 것은 위진 육조 시대로 거슬러 올라간다. 『제민요술』 권9에 '수인水引' 만드는 법이 나온다.

물에 넣고 나서 손가락으로 늘리는 방법을 사용한 이유는 간수를 넣지 않고서도 늘릴 수 있도록 하기 위함이다.

반죽을 젓가락 모양으로 한 척 정도 길게 잡아당긴다. 그릇에 물을 붓고 젓가락 같은 반죽을 물에 잠길 듯이 그릇에 넣는다. 손으로 그릇의 반죽을 부추처럼 얇게 늘린 후 끓는 물에 넣어 삶는다.

이런 방법은 손이 많이 가서 평소 음식으로는 어울리지 않는다. 물론 왕후 귀족이라면 이야기가 다르다. 『남제서』 권32 '하집何戢' 편에 흥미로운 내용이 나온다.

태조가 수인을 매우 좋아하여 하집은 아내와 딸들을 동원하여 수인을 만들게 했다고 한다. 수인에 대한 설명은 없지만 일인분의 수인을 만드는 데 한 집안의 여성을 모두 동원한 점을 보면 상당히 손이 많이 가는 음식이지 않았을까? 아마 만드는 법이 꽤 번잡했을 것이다.

아무튼 『제민요술』의 기록에는 많은 정보가 숨겨져 있다. 첫째, 육조에 들어서도 면 같은 음식을 만들 때 소금이나 간수를 첨가하는 방법이 발견되지 않았다. 둘째, 면을 자르거나 당기는 방법이 아직 없다. 셋째, 수인은 아직 정해진 모양이 없고 현재의 면과도 모양이 상당히 다르다. 넷째, 육조 시대에는 탕병과 수인은 다른 음식이었기에 후자를 기록할 필요가 있었다.

바꿔 말하면, 당시의 탕병은 가늘고 긴 모양이 아니었다. 『제민요술』 이후 수인 같은 면류다운 음식에 관한 기록은 거의 남아 있지 않다. 아마 수인 만드는 방법이 번잡하여 먹는 사람이 적었기 때문이 아닐까?

면이 한대로 거슬러 올라간다는 설은 『석명釈名』에 기록된 내용과 연관이 있다. 이 책의 '석음식釈飮食' 편에 "증병, 탕병, 치병, 수병, 금병, 삭병 등은 전부 모양을 본뜬 이름이다"라는 내용이 나온다. 한대에 이미 면이 있었다고 말하는 사람은 『석명』에 나온 탕병이 면이었다고 주장한다.

하지만 그 주장은 명확한 근거가 불충분하다. 또한 삭병이 면이라고 말하는 사람도 있는데 유감스럽게도 중국 역사 문헌에는 삭병에 관한 언급이 지극히 적다. 그 대신 일본 사료에서 몇 가지 기록을 찾아볼 수 있다.

905년에 편찬된 『연희식延喜式』은 일본 헤이안 중기의 법전이다. 『연희식』 권33 '대선직하大膳職下', '조잡물법造雑物法' 편에 "삭병 재료는 밀가루 1석 5두, 쌀가루 6두, 소금 5승이다. 675고薫를 얻다……수속삭병역手束索餅亦과 같다"라는 기록이 있다.

고薫는 계량 단위로 정확한 용량은 알 수 없다. 삭병 만드는 법도 다루고 있지 않다. 삭병索餅이라는 두 문자는 한자로 표기되어 있지만, 읽을 때는 맥승麦繩이라고 한다. 명칭으로 추측해 보면 새끼줄 모양의 밀가루 식품일 것이다. 밀가루와 쌀가루를 함께 반죽하여 새끼줄 같은 형태로 꼬아 기름에 튀긴 과자라는 설이 있지만, 명확한 근거가 있지는 않다. 비교적 설득력 있는 설에 따르면 삭병은 중국 과자의 한 종류로 밀가루와 쌀가루를 반죽하여 소금을 넣어 만든 새끼줄 모양의 음식이다. 모양이 새끼줄과 비슷하여 맥승麥繩이라 부르고 건조 후 장기 보존이 가능하다. 먹을 때는 삶아서 된장이나 식초를 뿌려 먹는다고 한다.

1고의 무게를 추측해 보면 약 280~300그램이다. 만일 줄 모양이면 가공하기도 힘들고 보존하기도 불편하다. 헤이안 중기의 삭병은 현대 중국의 마화麻花같이 두꺼운 새끼줄 모양이었을 것이다. 그렇다면 삭병은 면과 전혀 상관없는 식품이다.

『석명』을 편찬한 유희는 '한대 사람'이라고 하지만 사실은 후한 말기에 사망했다. 후한은 연강 원년(220년), 즉 한 헌제가 제위를 조조의 아들 조비에게 양도한 해에 망했으므로 유희는 조조나 조비 등의 인물과 동시대인이다. 『제민요술』은 530년에 편찬되었으니 『석명』보다는 약 300년 후다. 당시는 한창 전쟁 중이라 농촌은 피폐하고 백성은 고통스러운 삶을 이어가고 있었다. 그런 시대에는 식문화가 제대로 발달하기 어렵다. 『제민요술』에 실린 수인이 면의 원형이라고 해도 모양으로 본다면 지금의 면과는 크게 다르다.

오늘날의 면에 가까운 모양으로 만들려면 자르든지 늘리든지 잡아당기든지 하는 방법밖에 없다. 송대 면은 대부분 자른 면이라는 설이 있지만 현재로서는 아직 확실한 증거가 없다. 다만 『몽양록』 등의 기록만 본다면 그 가능성은 상당히 크다.

간수 혹은 탄산나트륨 같은 알칼리성 식품첨가물을 사용한 면류는 훨씬 나중에 등장했을 것이다. 현재 확실한 것은 원대 『거가필용사류전집』 '음식편'에 나오는 경대면経帯麵이다. 만드는 법은 "질 좋은 밀가루 두 근과 소금물 한 량, 곱게 빻은 소금 두 량에 새로 기른 물을 넣고 섞어 부드럽게 반죽한다"라고 나와 있다. 여기서 특히 주목해야 할 것은 감鹼, 즉 탄산소다의 첨가를 명확하게 명시한 부분이다.

면을 만들 때 탄산소다 넣는 법은 매우 중요하다. 보통 밀가루의 1퍼센트를 넣으면 적당하다. 더 적으면 효과가 없고 반대로 더 넣으면 반죽이 누렇게 되어 풍미도 좋지 않다. 경대면에는 3퍼센트를 넣는다고 나오는데 아마 불순물이 섞여서 많이 넣었을 것이다. 아무튼 탄산소다를 넣었기 때문에 면을 늘릴 수 있다.

실제로 『거가필용사류전집』의 "아주 얇게 펴서 경대처럼 자른다"라는 기록으로 보아 탄산소다는 꽤 효과가 있었을 것이다. 이는 곧 '경대'와 사서오경 등의 경서를 잇는 고리다. 원대에 들어서는 면 만드는 법도 모양도 지금과 크게 다르지 않게 되었다.

생일에 면을 먹는 풍습은 언제부터인가

『신당서新唐書』 권76 '열전제일후비列伝第一后妃'와 '왕황후전王皇后伝'에는 흥미로운 내용이 실렸다. 당 현종의 총애를 잃은 왕황후는 어느 날 현종에게 읍소한다. "폐하께서는 아충이 자주색 반비半臂(상의 맨 위에 입는 소매가 없거나 아주 짧은 겉옷)를 벗어 판 돈으로 밀가루를 사서 폐하의 탄신일에 탕병을 만들어 올렸던 일을 잊으셨나이까?" 아충은 왕황후의 부친으로 현종에게 경의를 표하고자 자신의 아버지 이름을 함부로 불렀다. 여기서 탕병이 가늘고 긴 형태인지 둥근 형태인지는 언급이 없다. 주의 깊게 봐야 할 것은 자주색 반비이다. 자주색은 금기색이라 할 만큼 고귀한 색으로 일반 백성은 사용할 수 없었다. 그 옷을 팔아 탄신일의 탕병을 만든 것으로 보아 아마 고가였을 것이다. 하지만 유감스럽게도 어떤 탕병인지는 명시되어 있지 않다.

당대 시인 유우석의 〈진사 장관에게 부치다〉라는 시에는 "젓가락을 들어 탕병을 먹으며 하늘에 사는 기린만큼 오래 살기를 축원하노라"라는 시구가 나온다. 이 시구를 봤을 때 어쩌면 탕병은 축하 의례 음식이 아니었을까? 하지만 다른 방증은 아직 보이지 않으니 자세한 내막은 알 길이 없다. 더욱 난감한 것은 유우석과 동시대 시인의 시에는 탕병이 등장하지 않는다는 사실이다. 이를테면, 백거이는 유우석과 같은 해인 772년에 태어나 유우석보다 장수했다. 백거이의 시에는 음식의 명칭이 빈번하게 나오지만, 탕병은 아예 나오지 않고 다른 면류도 나오지 않는다.

이러한 사료를 근거로 보면 당대에는 지금과 같은 면류가 아직 없었거나, 설령 있었더라도 일부 지역에 한정되어 정치문화의 중심인 장안에는 전해지지 않았을 것이다.

이 가설에는 유력한 방증이 있다. 일본 헤이안시대平安時代에 엔닌圓仁이라는 고승이 있었는데, 그는 838년에 중국으로 건너갔다. 배가 장강 하구 북안에서 좌초했다가 상륙하여 도착한 첫 도시가 양주였다. 양주에서 배로 대운하를 건너 산동을 거친 다음 다시 현재의 산서성 동북부에 있는 오대산으로 가서 수행했다. 오대산에서 장안으로 갔다가 돌아오는 길에 낙양, 양주 등을 거쳐 847년 고국인 일본으로 돌아왔다.

9년동안 엔닌은 중국의 주요 지역을 누비는 중에 본 풍습을 『입당구법순례행기入唐求法巡礼行記』에 기록했다. 이 책에는 호병, 혼돈, 박탁이 모두 나오지만 무슨 연유에서인지 탕병은 나오지 않는다. 엔닌이 현지에서 만난 이들은 대부분 일반 백성이나 승려였고, 순례 중에는 그들과 같은 음식을 먹으며 같은 건물에 살았다.

만일 지금과 같은 면이 보급되었다면 그 기간에 반드시 목격했을 테고, 엔닌에게는 새로운 음식이었을 테니 분명 기록했을 것이다. 기록에 없는 이유는 엔닌이 당에 머무는 동안 면(탕병)을 본 적이 없기 때문이 아닐까?

다시 생일에 면을 먹는 이야기로 돌아가자. 대체 이 풍습은 언제 시작되었을까? 이를 입증할 만한 사료는 너무 적다. 송의 마영경馬永卿이 편찬한 『나진자懶眞子』 권3에는 "반드시 탕병을 먹는데, 세상에서 이르길 장수면이라 한다"라는 기록이 나온다. 『송원학안宋元学案』 권20에 따르면 마영경은 대관 연간(1107~1111년)의 진사이다. 이 사실로 유추해 보면, 늦어도 송 휘종 시대에 이미 생일에 면을 먹고 축하하는 풍습이 있었을 뿐만 아니라 '장수면'이라는 표현도 있었다.

또한, 『형초세시기荊楚歲時記』에 "6월 복날 모두 탕병을 만든다. 이름하여 벽악辟惡이라고 한다"라는 내용이 있는 것으로 보아, 탕병이 생일 의식뿐 아니라, 액운을 물리치는 의례 음식으로도 다뤄졌음을 알 수 있다. 『형초세시기』는 6세기에 편찬된 책으로 편찬자 종름宗懍은 육조 사람이다. 그 시대의 탕병은 마영경 시대의 탕병과는 전혀 달랐을 것이다.

젓가락으로 밥을 먹다

숟가락으로 밥을 먹는 습관은 송대에 아직 남아 있었다. 명의 전여성田汝成이 지은 『서호지여西湖志余』에 따르면, 송의 고종(재위 1127~1162년)은 매우 검소하여 식사 때에 반드시 숟가락과 젓가락을 각각 두 벌씩 두고 음식을 먹을 수 있을 만큼만 젓가락으로 집고, 밥도 다른 숟가락으로 자신의 사발에 담았다고 한다. 당시 궁궐에서는 숟가락으로만 밥을 먹었음을 알 수 있다.

시대가 훨씬 지나 명의 희정嘉靖 35년(1556년)에 포르투갈인 선교사 가스펠 더 쿨스가 중국 체재 중에 겪었던 일을 쓴 견문록에는 젓가락 사용법에 관한 다음과 같은 내용이 나온다.

> 접시는 순서대로 정갈하게 겹쳐져 있어 식탁에 앉은 사람은 접시를 빼내거나 움직일 필요 없이 원하는 만큼 덜어 먹을 수 있다. 바로 옆에는 화려한 금 도장의 짧은 봉(젓가락)이 두 개 놓여 있다. 이것을 손가락과 손가락 사이에 끼고 식사를 한다. 그들은 이 봉을 대장간 부젓가락처럼 사용한다. 따라서 그들은 식탁에 놓인 어떤 음식에도 손을 쓰지 않는다. 그들은 밥 한 공기를 이 (짧은) 봉으로 먹지만 단 한 알도 흘리는 법이 없다.

쿨스가 본 것은 광동성의 풍경이다. 1575년경 스페인 선교사 말틴 더 라더는 중국 복건을 방문했다. 그는 후에 정리한 보고서 「대명大明의 중국 사정」에 "(중국인은) 식사할 때 먼저 빵이 아닌 고기를 먹고, 그 후 빵 대신 밥을 먹는다. 그것도 봉으로 먹는다"라고 썼다. 여기서 '봉'은 젓가락이다. 명대에 밥을 먹을 때 젓가락을 사용했던 것은 이제 의심의 여지가 없다.

남방만이 아니다. 1582년에 북경에서 생을 마감한 마테오 리치는 중국 각지를 방문했다. 그가 쓴 『중국 그리스도교 포교사』에도 중국인이 젓가락으로 밥을 먹는 모습이 등장한다. 16세기에 젓가락으로 밥을 먹는 풍습이 이미 중국 전역으로 퍼졌음을 알 수 있다.

남북의 차이

송의 고종 때부터 가스펠 더 쿨스가 중국을 방문한 1556년까지는 약 400년의 틈이 있다. 그 사이에 숟가락으로 밥을 먹는 풍습은 젓가락으로 바뀌었다. 몇 년에 걸쳐 변화했는지는 명확하지 않다. 풍습이란 하룻밤 사이에 변하는 것이 아니기 때문이다. 대신 400년의 정중앙이 전환점이라면 원대 후기에서 명대 초기 정도가 된다.

원래 원대에는 북방과 남방의 식습관에 큰 차이가 있었다. 남방인들이 식사에 주로 젓가락을 사용한 데 반해, 북방인들은 숟가락을 사용했다. 『석진지집일析津志輯佚』 '풍속' 편에 나오는 "(북방에서는) 나무 숟가락을 많이 사용하고 젓가락은 별로 사용하지 않는다. 큰 접시와 나무 국자를 사용하며 바닥에 앉아 함께 먹는다." 다음 기록은 북방인들이 그들의 식문화를 몸소 중원지역으로 갖고 들어왔음을 의미한다.

명은 남방민족이 권력을 장악한 왕조이다. 처음에는 남경에 도읍을 정했지만, 얼마 안 있어 북경으로 도읍을 옮겼다. 따라서 궁궐, 문무백관과 함께 많은 남방인들이 북방으로 이주했다. 그들은 남방의 식자재뿐 아니라 식습관과 식사 예법까지도 북으로 가져왔다. 젓가락으로 밥을 먹는 풍습이 중국 전체로 퍼진 것도 그 때문이 아닐까.

원의 요리와 조리법

성대한 향연

마르코 폴로는 『동방견문록』에서 몽골의 왕인 칸이 주최하는 향연을 다음과 같이 묘사했다.

칸의 식탁은 일반인의 식탁에 비해 훨씬 높게 만들어졌다. 그는 북측에 자리하여 남측을 향한다. 칸의 옆 좌측에는 제1황후석이 있다. 우측은 한 단 낮게 만들어져 착석자의 머리가 칸의 발아래에 해당하는 평면에 황태자, 황손, 황족 제왕이 나란히 앉는다. (중략)

이하 중신들은 다시 한 칸 내려간 식탁에 앉는다. (중략) 단, 향연에 참석한 사람들이 모두 이런 식으로 식탁에 앉는 것은 아니다. 무신이나 고관은 대부분 큰 방 융단 위에 앉아서 식사하므로 특정 식탁은 내어주지 않는다. 식탁이 이처럼 배열되어 있으므로, 칸은 앉은자리에서 모든 배석자를 훑어볼 수 있다. 배석자의 수는 엄청나게 많아 큰 방 외에도 또 4만 명 이상이 함께 식사했다.

향연에 나오는 음료는 황금 용기에 넣은 술 외에 마유馬乳, 낙타유 등과 같은 특제 음료가 담겨 있다. 원의 도종의陶宗儀가 지은 『철경록輟耕錄』 권21 '갈잔喝盞'에 따르면, 궁궐 향연의 음주 의식은 금 왕조의 관례를 따랐다고 한다.

어떤 요리가 올라왔는지에 관해 마르코 폴로는 "그냥 진수성찬이라고 하면 그 풍성한 메뉴를 도저히 믿어줄 것 같지 않으니 이곳에 지면을 할애하여 설명하고자 한다"라고 말해놓고는 다루지 않았다.

양고기를 아낌없이 사용하다

원 왕조의 궁궐에 '홀사혜忽思慧'라는 음선태의飮膳太醫가 있었다.

음선태의란 황제의 영양사 겸 전문의를 의미한다. 홀사혜는 천력 3년(1330년)에 원의 문종에게 『음선정요飲膳正要』라는 양생養生에 관한 책을 헌상했다. 그 책에는 궁중 요리가 꽤 등장하는데, 특히 '취진이찬聚珍異饌'이라는 장에 나오는 95종의 요리는 자양강장을 위해 고안된 일종의 건강식 모음이다. '취진이찬'이라고는 하나 호화롭기 그지없던 당과 송의 궁중 요리에 비하면 상당히 소박하다. 칸은 상도를 벗어난 미식은 추구하지 않은 듯하다.

한마디로 '요리'라고 했지만, 사실 앞에 나온 95종 중에는 면과 빵(찐만두와 구운 빵), 그리고 죽도 포함되어 있다. 진정한 의미에서의 요리는 국, 볶음, 찜, 구이, 무침 등이다. 주식이 밀가루여서인지 맑은 국이 많고 호화로운 메인 요리는 거의 수프류였다. 이 국 종류는 다시, 탕, 분(당면을 넣은 국), 갱(걸쭉함을 더한 국이나 완탕을 넣은 국) 등으로 나뉜다. 하지만 분류 기준은 그리 엄격하지 않았으니 탕이나 갱 등의 명칭이 반드시 정확한 것은 아니다.

요리나 식품에서 칸의 기호도 엿볼 수 있다. 양고기를 각종 음식에 사용하고 국물 내는 데도 많이 사용했다. 사슴머리국, 곰 넓적다리 고깃국 등 양고기를 전혀 사용하지 않은 요리나 만두, 구운 빵은 고작 17종으로 95종 중 18퍼센트 남짓에 불과했다.

원의 요리

원대에는 몽골인뿐만 아니라 색목인色目人이라 불린 다른 소수 민족도 중원으로 많이 이주했다. 그 때문에 다양한 민족으로부터 특유의 요리가 흘러들어와 음식의 종류와 조리법이 한층 다양해졌다.

『거가필용사류전집』의 '음식류飮食類' 편에는 원대 요리가 많이 수록되었고 만드는 법도 상세히 기록되었다. 이 책을 보면 삶고, 찌고, 굽고, 볶고, 소금에 절이는 등 현대의 조리법을 거의 갖췄음을 알 수 있다. 또한, 회膾와 같이 현재는 보기 힘든 음식도 나온다.

한편, 같은 볶음요리라도 현대에는 기름의 양, 기름의 온도, 볶는 시간, 사전 준비(생 식자재를 볶는지, 데친 후에 볶는지) 등으로 세심하게 구분되지만, 원대의 볶음 요리에는 아직 그런 미묘한 차이는 없었다.

원대에는 볶음이 주요 조리법은 아니었다. 『거가필용사류전집』에 볶음이라는 말이 여러 차례 나오지만, 현재의 볶음 요리와 비슷한 방식은 고작 한 가지 용례밖에 없다. 채소 조리는 나물이나 소금 절임이 중심이었다.

『음선정요』에는 몽골 요리 혹은 몽골 요리의 풍미를 살리면서 중원지역의 조리법도 응용한 음식이 많이 나온다.

다양한 민족요리

『거가필용사류전집』 '음식류'에는 '회회식품回回食品'과 '여직식품女直食品'이라는 장이 있다.

'회회'는 원대의 소수민족으로 예전에는 '회흘回紇(위구르)'이라고 불렸다. 당대에 회흘의 왕은 스스로 '회골回鶻'로 개명했다. 원대에 회골은 차츰 이슬람화하였는데, 현재 신강新疆에 거주하는 위구르족이나 회족이 그 후손에 해당한다.

『거가필용사류전집』에 나오는 '회회'는 더 넓은 의미가 있어 '회골' 이외의 민족도 포함되어 있었을지 모른다. 그렇다 해도 중국 서부에 거주한 이슬람계 민족임에는 변함이 없다.

'회회식품'에는 전부 12종이 있는데, 중국어로 이해할 수 있는 것은 겨우 4종뿐이고 그 외는 모두 한자 음역으로 표기된 것이다. '합리살哈里撒(고기잼)', '하서폐河西肺(양의 폐에 땅콩 채움)'의 2종을 제외하고 나머지 10종은 전부 딤섬點心류다.

'여직식품'의 여직女直은 여진족을 의미한다. 여직식품으로는 고기 요리가 3종, 채소 요리가 1종, 케이크류가 2종으로 합계 6종이 기재되었다. 식자재는 아욱, 양, 오리, 꿩 등으로 특별히 희귀하지는 않다. 아마 외래 요리로 다룬 이유는 조리법이 새로워서일 것이다.

'여직식품' 중 '탑불자압자塔不刺鴨子'라는 오리 된장 조림이 있다. 조림은 기존에도 있던 조리법인데 왜 일부러 민족 요리로 소개하고 있을까? 이유는 된장을 사용하여 수분이 없어질 때까지 졸이는 점 때문일 것이다.

중국 된장은 색이 짙다. 이 요리에 사용된 느릅나무 된장도 아마 적갈색이었을 것이다. 된장의 수분을 날리면 완성품은 구운 오리처럼 보인다. 지금도 장압醬鴨이라는 가정요리를 같은 방법으로 만드는데, 현재는 된장이 아닌 간장을 사용한다.『거가필용사류전집』에는 오리 외에 거위나 닭 조리법도 나오는데 이 역시 현재와 다르지 않다.

춘권의 내력

춘권이라는 명칭

춘권은 미국과 유럽에서도 '스프링롤'이라는 이름으로 널리 알려져 있다. 중국에서는 언제부터 춘권을 먹었을까?

『몽양록』 권16 '훈소종식점^{葷素從食店}'에 "시식점심^{市食點心}에 얇은 피 춘견^{春蠒}과 생것을 소로 쓴 만두가 있다"라는 기록이 있는데, '춘견'을 '춘권^{春卷}'과 같은 식품이라고 보는 견해가 있다. 그러나 이 책은 춘견을 만드는 법이나 외형에 관해 전혀 언급하지 않았다. 애초에 '춘견'이 '춘권'이라는 설은 근거가 없다. 『무림구사^{武林舊事}』 권6 '시식^{市食}'에도 춘견이 나온다. 그러나 이 춘견은 '증작종식', 즉 '가벼운 찜'류에 들어가므로 튀김이 아니라 찐 음식이다.

사실 춘권이라는 명칭이 중국에서 사용된 것은 기껏해야 백 년 정도밖에 안 되었다. 청의 요리서 『식헌홍비』, 『수원식단』, 『성원록』, 『조정집』에도 춘권이라는 음식명은 찾아볼 수 없다. 그뿐 아니라 20세기 초에 간행된 요리책에도 춘권이라는 말은 나오지 않는다.

피 만드는 법

춘권과 비슷한 음식이 없지는 않았다. 이를테면 『조정집』에는 '육함권수肉餡卷酥'와 '육함전병肉餡煎餅'이라는 음식을 만드는 법이 나온다. 전자는 잘게 썬 고기와 버섯을 조리하여 소로 쓰고 기름으로 반죽한 밀가루 피로 말아 튀긴 것이다. 후자는 고기와 파를 채 썰어 볶아 밀가루 피로 가늘고 길게 말아 튀긴 것이다. 양쪽 모두 춘권 만드는 법과 비슷하며 특히 육함전병은 모양도 현재의 춘권과 거의 같다.

그러나 육함권수나 육함전병의 피 만드는 법은 현대와 전혀 다르다. 현재 춘권피는 밀가루의 전분을 제거한 글루텐으로 만든다. 지름 10센티미터 정도의 글루텐 덩어리를 만들어 화로

위 큰 원형 철판에 올린다. 달구어진 철판 위에 글루텐 덩어리를 가볍게 펼쳤다가 바로 걷어 올린다. 그러면 한 장의 춘권피가 완성되지만, 『조정집』에는 밀가루를 반죽하여 춘권피를 만든다고 쓰여 있다.

청대에 글루텐 만드는 법이 알려지지 않았던 것은 아니다. 밀가루 반죽을 물로 씻어 전분을 제거하고 생부生麩(밀에서 전분을 제거하고 남은 아직 마르지 않은 기울)로 만드는 방법이 송대 기록에 이미 나와 있다.

예를 들면, 침괄沈括의 『몽계필담夢溪筆談』 '변증일弁証一' 편을 보면, 밀가루 안에 힘줄이 있어 물을 갠 밀가루로 씻어내면 글루텐이 나타난다고 글루텐 만드는 법을 소개한다.

『조정집』만이 아니다. 청대의 다른 요리서에도 글루텐으로 춘권피를 만든 기록은 보이지 않는다. 바꾸어 말하면, 현대와 같은 춘권피는 더 후대에 고안해 냈다. 단, 피는 달라도 육함권수나 육함전병이 춘권의 원형임에는 변함이 없다.

달달한 춘권의 유래

육함권수나 육함전병은 청대에 처음 나타난 음식이 아니다. 반죽한 밀가루로 피를 만들어 고기나 채소를 싸서 튀긴 음식은 더 옛날로 거슬러 올라간다.

원대에 춘권과 비슷한 음식을 만드는 법이 상세히 기록된 자료가 있다. 『거가필용사류전집』 '음식류'에는 '권전병捲煎餅'이라는 음식 제조법이 나온다.

> 물로 반죽한 밀가루를 얇게 펴서 전병을 만든다. 그 위에 호두, 잣, 복숭아씨, 개암 열매, 연밥, 건시, 연근, 은행, 파람芭囕을 잘게 썬 것과 익힌 밤을 납작하게 썬 것을 꿀과 설탕으로 버무리고 다진 양고기와 파, 소금을 더해 소를 만든다. 이 소를 전병에 싸서 기름에 노릇노릇하게 튀긴다.

피 만드는 법은 다루지 않지만, 튀기는 법은 현재와 거의 같다. 적어도 춘권의 원형은 이 음식까지 거슬러 올라간다.

그러나 소의 재료는 지금의 춘권과 전혀 다르다. 견과류나 말린 과일류를 사용하여 차라리 월병에 가깝다. 꿀, 설탕, 소금의 분량이 명시되지 않아 단정할 수 없지만 아마 맛은 달달하면서 짭짤했을 텐데, 재료의 특성상 단맛이 더 강했을 것이다.

지금 우리가 먹는 춘권은 짠맛이 강하다. 하지만 중국에서는 짠맛 외에 단맛 춘권도 사랑을 받고 있다. 가장 일반적인 것은 팥소다. 아마 '권전병'이 그 뿌리가 되었을 것이다. 또한 '권전병'은 소를 피로 싼다고 쓰여 있다. 이것으로 추측하면 모양은 가늘고 길었을 것이다. 비록 소는 다르지만 외형과 기름에 튀긴 점, 이 두 가지는 춘권과 거의 흡사하다.

외국에서 들어온 춘권

흥미롭게도 『거가필용사류전집』에는 '권전병'이 이민족의 음식을 기록한 '회회식품'에 수록되어 있다. 즉, 춘권의 원형 중 하나는 이슬람계 민족 음식이다.

원래 음식의 기원과 전파는 다 파악하기 어렵지만, 권전병이 회회식품으로 수록된 것은 당시 이슬람 민족만이 권전병을 먹었기 때문일 것이다. 『거가필용사류전집』의 저자가 동시대 사람이 아니라면 절대 알 수 없는 사실이다.

그 외에 춘권과 비슷한 식품이 또 있다. 마찬가지로 『거가필용사류전집』에 나오는 '칠보권전병'이라는 음식이다. 만드는 법은 다음과 같다.

밀가루 두 근 반에 찬물을 섞어 딱딱한 반죽을 만들고 조금씩 물을 넣어 개면서 풀처럼 만든다. 손잡이 달린 프라이팬에 기름을 두르고 반죽을 얇게 펴서 전병을 만든다. 소를 권병(고기를 말아서 먹는 떡)처럼 싸고 다시 지져서 내놓는다. 소는 반듯하게 썬 양고기, 마고버섯, 데친 새우, 잣, 호두, 백설탕, 다진 생강, 볶은 파, 말린 생강 분말, 소금, 식초를 각각 조금씩 넣고 간을 맞추어 사용한다.

만드는 법도, 소도 권전병과 거의 같지만 칠보권전병은 회회식품이나 여직식품에 속하지 않는다. 조리법의 마무리를 보면 그 이유를 유추할 수 있는데, 권전병은 튀기는 데 반해 칠보권전병은 약간의 기름으로 지진다. 튀길 때는 소가 빠지지 않게 피로 완전히 싸야 하지만, 기름으로 지질 때는 양 끝을 붙이지 않아도 된다. 그래서 둘의 외형이 달랐을 것이고 따라서 아예 다른 음식으로 인식했다고 볼 수 있다.

이 추측은 상당히 신빙성이 높다. 이를테면, 중국에도 옛날부터 튀김 같은 음식이 있었지만 1980년대에 일본의 튀김이 중국에 들어왔을 때 누구나 튀김을 외래 요리라고 생각했다. 만드는 법은 원래의 중국 튀김과 크게 다르지 않다. 그러나 튀기는 법과 풍미와 식감의 미묘한 차이가 구분하는 기준이 되었다. 원대 사람들이 권전병을 외래 음식으로 인식한 것도 같은 이유가 아닐까?

권전병은 후에 중국 전역으로 퍼져 마침내 회회식품이라고 생각하는 사람은 거의 없다. 명대의 고렴이 지은 『준생팔전遵生八牋』 '음찬복식전飮饌服食牋' 편에도 권전병 만드는 법이 나오는

데, 소가 양고기에서 돼지고기로 바뀐 점을 제외하면 만드는 법은 『거가필용사류전집』의 권전병과 거의 흡사하다. 이렇듯 『준생팔전』의 권전병이 춘권의 원형이라고 해도, 그 뿌리는 사실 원대의 이슬람 음식으로 거슬러 올라간다.

제7장

✣

아, 상어지느러미

기원전 770년~기원전 221년	●	**춘추전국시대** 春秋戰國時代
기원전 206년~220년	●	한대 漢代
221년~589년	●	**위진·남북조시대** 魏晉·南北朝時代
581년~618년 618년~907년	●	수당시대 隋唐時代
960년~1279년	●	송대 宋代
1271년~1368년	●	원대 元代
1368년~1644년		**명대** 明代
1636년~1912년		**청대** 淸代

진미를 발견하기까지

상어지느러미 수프 VS 상어지느러미 찜

상어지느러미 수프를 한 번 맛보고 이 고급 요리를 다 안다고 뿌듯해하는 사람들이 적지 않다. 유감스럽지만 상어지느러미 수프만으로는 상어지느러미를 먹었다고 할 수 없다. 진짜 맛을 알고 싶으면 찜으로 먹어야 한다. 가격은 약간 비싸지만 한번 맛볼 가치는 있다. 중화요리의 여러 특색이 이 요리 하나에 응축되어 있기 때문이다.

상어지느러미는 초승달 혹은 반달 모양이다. 특상 제품을 제외하면 가장 넓은 부분의 폭은 5~6센티미터 정도이며 이 부분만 찜에 사용한다. 나머지는 실 모양의 자투리다. 이 자투리는 주로 상어지느러미 수프에 사용한다. 상어지느러미는 분명하지만, 찜보다는 질이 떨어진다.

중화 레스토랑에서 상어지느러미 수프는 원가가 적게 들어 수익을 올리기 쉽다. 이름만 고급 요리지 실속이 없다. 그런데도 진미를 맛봤다고 믿으며 뿌듯해하는 손님도 많다.

상어지느러미는 연골 부위다. 당연히 아무 맛도 나지 않는다. 그런데 왜 진미라고 온갖 찬사를 받을까? 물론 희소가치도 이유 중 하나이지만 그뿐만은 아니다.

원래 요리를 즐기는 법은 다양하다. 눈으로 봤을 때의 호화로움이나 먹음직한 외관은 물론이거니와 가장 중요한 포인트는 맛과 향 그리고 혀의 감촉이다. 상어지느러미 찜은 두 가지 특징이 있다. 하나는 독특한 혀의 감촉이다. 젤라틴 같은 매끄러움, 야들야들함, 삶아도 남아 있는 연골의 탄력, 이 절묘한 조합은 혀와 이에 기분 좋은 자극을 준다.

또 하나는 농후한 맛이다. 상어지느러미를 찜으로 조리할 때는 질 좋은 육수가 꼭 필요하다. 일반적으로 토종닭이나 오리를 오랫동안 끓인 육수를 사용한다. 걸쭉함을 더함으로써 육수의 진한 맛이 연골에 스며들고 실 모양의 지느러미 사이에 밴다. 육수는 기름기를 제거해 진한 풍미는 살리면서도 담백하다. 이것이 맛의 비결이다. 상어지느러미 찜은 재료 본연의 맛이 아니라 인위적으로 '합성'한 풍미를 즐기는 요리다.

남방에서 시작된 요리

상어지느러미 요리는 언제 생겼을까? 사서史書를 보면 진의 시황제는 말할 것도 없고 당과 송의 황제나 원의 칸도 상어지느러미를 먹었다는 기록이 전혀 없다. 필자의 조사에 따르면 상어지느러미를 식용으로 한 역사는 길어야 400년 남짓이다. 게다가 처음에는 지역이 연해 부근에 한정되어 있었다. 따라서 상어지느러미 요리가 전국에 퍼져 진미로 극찬을 받은 것은 청나라 중기로 겨우 300년 전의 일이다.

상어지느러미에 관한 첫 기록은 명나라 이시진이 지은 『본초강목』으로 거슬러 올라간다. 『본초강목』 '무린어류無鱗魚類(비늘이 없는 물고기)'의 '상어' 편에는 다음과 같은 내용이 있다. "옛날에는 교어鮫魚라고 불렀고 지금은 사어라고 한다. 종류가 많으며 동남 연해에서 난다. 형태는 전부 물고기와 닮았고 파란 눈에 붉은 뺨, 등에 딱딱한 지느러미가 있다. 배 아래에도 지느러미가 있는데 맛이 대단히 좋다." 『본초강목』은 1596년에 간행되었으므로, 16세기 말에는 상어지느러미가 식용으로 사용되었음을 알 수 있다.

하지만 이시진이 『본초강목』에서 "남방인이 이것을 귀히 여긴다"라고 한 것으로 봐서는 당시 다른 지역에서는 아직 먹지 않았던 것 같다. 원래 상어지느러미는 조리법에 따라 맛이 완전히 달라진다. 독특한 가공법이나 조리법이 아니면 맛을 내기가 힘들다. 명나라 때 상어지느러미가 아직 널리 퍼지지 않았던 근거로 만력연간万曆年間에 항주에 살았던 고렴이 지은『준생팔전』을 들 수 있다. 고렴은『준생팔전』에서 많은 요리와 조리법을 소개했지만, 상어지느러미에 관해서는 한마디도 언급하지 않는다.

명의 황제도 몰랐던 요리

명의 만력万曆 때 궁중 관료였던 류약우劉若愚는 명의 태조 주원장이 좋아한 요리에 관해『작중지』에 이렇게 기록했다. "구운 대합, 새우 볶음, 개구리 넓적다리 및 말린 버섯을 좋아하셨다. 또 해삼, 전복, 사어鯊魚 힘줄, 닭, 돼지 아킬레스건에 양념장을 끼얹은 요리를 '삼사三事'라고 칭하며 잘 드셨다." 사어 힘줄이 어떤 것인지는 명시되어 있지 않다.

사어는 현대어로 상어지만『본초강목』에 따르면, 명대에는 망둥어과 민물고기를 가리킨다. 사어 힘줄은 아마 그 물고기의 부레일 것이다. 어느 것이든 상어지느러미가 아닌 것은 분명하다. 조리법을 보더라도 이후 상어지느러미 조리법과는 상당히 다르다.

류약우는 궁중의 명물 요리로 오리구이, 거위구이, 닭구이, 저민 양 꼬리, 돼지 귀, 족발, 돼지 혀 등 2~30종을 들었지만, 상어지느러미는 보이지 않는다. 또 연회 요리에는 닭이나 만리장성 밖에서 잡은 족제비 등을 사용했지만, 역시 상어지느러미는 나오지 않는다. 그런 점에서 본다면, 당시 상어지느러미 요리는 아직 북경에 전해지지 않았을 것이다.

명의 황제는 남방 출신이다. 만일 장강 하류에 이 요리가 있었다면 분명 궁궐로 갖고 들어왔을 것이다. 따라서 당시에는 북경뿐 아니라 강남에도 아직 상어지느러미 요리가 없었다고 봐도 무방하다.

명나라 때 중국을 방문한 선교사들의 견문록을 봐도 알 수 있다. 마테오 리치가 쓴 『중국 그리스도교 포교사』에는 당시 연회 모습이 묘사되어 있다.

우리가 먹은 요리는 중국인도 일상적으로 먹는 요리다. 요리는 맛있었다. 그들은 식탁에 올라온 요리 하나하나에는 별로 신경 쓰지 않는다. 요리 자체가 아닌 요리의 종류가 얼마나 많은가로 식사의 질을 평가하기 때문이다.

1557년에 중국 광주를 방문한 가스펠 더 쿨스도 "굽거나 삶은 거위, 닭, 오리도 많고 그 외의 고기와 조리한 생선도 듬뿍 있었다. 나는 가게 앞에 통돼지구이가 걸려 있는 모습을 본 적이 있다"라고 했다. 쿨스는 개고기를 조리하는 장면만 상세히 기록하고 상어지느러미는 다루지 않았다.

17세기의 상어지느러미 찜

명말明末 청초淸初에 『정자통正字通』이라는 사전이 편찬되었다. 이 사전에 상어지느러미에 관해 "상어는 푸른 눈에 붉은 빰, 등에 딱딱한 지느러미가 있다. 배 아래에도 지느러미가 있는데 매우 맛이 좋다"라는 설명이 나온다. 『본초강목』의 내용과 흡사한데, 이는 이전부터 상어지느러미가 알려졌음을 보여준다.

『정자통』의 가장 빠른 판본은 1685년 판본이다. 저자에 관해서는 두 가지 설이 있다. 하나는 청나라 요문영廖文英이라는 설이고, 또 하나는 명 말기의 장자열張自烈이 진짜 편찬자인데 청의 요문영이 그 고본稿本을 구매하여 직접 차례를 만들어 권두에 붙이고 자신의 책으로 간행했다는 설이다. 어느 쪽이든 17세기 책이라는 사실에는 변함이 없다.

17세기가 되면서 요리책에도 상어지느러미가 등장한다.

1629년에 태어나 1709년에 생을 마감한 주이존의 『식헌홍비』에 처음으로 상어지느러미의 상세한 조리법이 나온다.

> (상어지느러미를) 깨끗하게 손질한 다음 삶아서 자른다. 실처럼 흐트러져서는 안 된다. 고기가 붙어 있는 게 좋으며 너무 작아도 안 된다. 닭이나 오리와 함께 필요할 때 삶는다. 수프는 맑은 게 좋고 기름진 것은 좋지 않다. 요리술을 사용하는 것은 괜찮지만 간장은 사용하면 안 된다.

간장을 사용하지 않는 점을 제외하면 현대의 조리법과 매우 흡사하다. 그러나 지금은 말린 상어지느러미를 불려서 요리하기 때문에 살점은 많이 붙어 있지 않다. 유추하자면 청대 초기에 상어지느러미는 고기 부분과 함께 요리했기 때문에 신선한 것을 사용했을 것이다. 주이존은 장강 하류에서 태어났지만, 북경에도 거주했다. 따라서 이 기록만으로는 상어지느러미가 어느 지역의 요리인지는 알 수 없다.

말린 상어지느러미의 등장

미식가인 원매도 물론 상어지느러미의 맛을 알고 있었다. 『수원식단』에서 "상어지느러미는 딱딱해서 이틀간 푹 끓여야 겨우 부드러워진다"라고 말한 후 두 가지 조리법을 소개했다. 그 중 하나는 다음과 같다.

질 좋은 화퇴火腿(된장에 절인 중국 햄, 주로 국물을 낼 때 사용한다)나 닭 육수에 신선한 버섯과 1전(3.7그램)의 설탕을 더하여 (상어지느러미를 넣고) 부드러워질 때까지 약한 불로 푹 끓인다.

이것은 찜 조리법이다. "상어지느러미는 푹 끓여야 부드러워진다"라는 말에서 엿볼 수 있듯이, 여기서 말하는 상어지느러미는 말린 것일 가능성이 크다. 원매는 주이존보다 약 1세기 후의 사람이므로 18세기에는 지금처럼 말린 것을 사용했음을 알 수 있다. 생물은 연해 부근에서만 먹을 수 있지만 말린 것은 오래 보존할 수 있다. 교통이 아직 발달하지 않았던 시대에는 말린 것이 아니면 상어지느러미가 다른 지역으로 퍼지는 데 더 시간이 걸렸을 것이다.

『수원식단』에는 상어지느러미 찜뿐 아니라 상어지느러미 수프를 만드는 법도 나온다.

닭 육수에 가늘게 채 썬 무와 실 모양으로 흐트러진 지느러미 끝부분을 넣고 섞는다. (완성되면 무와 상어지느러미를) 수프 위에 띄워 어느 것이 무고 어느 것이 상어지느러미인지 구분할 수 없게 한다. (중략) 화퇴를 육수로 사용할 때는 육수를 적게 넣고 무채를 사용할 때는 육수를 많이 넣는다. 양쪽 다 부드럽고 진한 맛이 나게 마무리하는 게 중요하다. (중략) 무채는 세 번을 데쳐야 비로소 잡내가 없어진다.

찜에 사용할 수 없는 실 모양 부위를 사용한 점은 주이존의 『식헌홍비』에는 없던 방법이다. 이러한 조리법이 언제 시작되었는지는 명확하지 않지만, 상어지느러미 수프가 찜보다 나중에 등장한 것은 분명하다.

상어지느러미 요리의 진화

상어지느러미는 새로운 요리인 만큼 조리법도 빨리 발달했다. 원매보다 60여 년 후에 태어난 양장거는 『낭적총담』에서 원매의 조리법을 다음과 같이 비판했다.

상어지느러미에 닭 육수와 무채를 넣는다고 한 사람은 원매뿐이다. 이는 다분히 사람을 우롱하는 말이므로 믿어서는 안 된다. 원매는 또 어떤 집에서는 상어지느러미 요리를 만들 때 상어지느러미 끝부분만 사용하고 안쪽 부분은 사용하지 않는다고 했는데, 이 역시 고릿적 이야기다.

원매가 거짓을 말했다는 양장거의 주장은 먹는 방법의 변화를 반영한다. 원매는 『수원식단』에 소개한 대로 상어지느러미 수프를 먹었지만 반세기 후에 그 방법은 구식이 되고 말았다. 조리법이 계속 개선되어 같은 상어지느러미라도 이전과는 상당히 다른 맛이 되었다.

이화남의 『성원록』에도 상어지느러미 조리법이 나온다.

상어지느러미를 통째로 물에 담가 부드럽게 불린다. (그러고 나서) 냄비에 넣어 끓인다. 손으로 찢길 정도면 된다. 너무 부드러워도 안 된다. (냄비에서) 꺼낸 후 물에 담가 뼈와 껍질을 제거한다. 실 모양의 지느러미 부분이 부서지지 않게 통째로 꺼낸다. 바닥이 평평한 대나무 소쿠리에 늘어놓고 건조한다. (건조한 것은) 사기 용기에 담는다. 사용할 때는 필요한 만큼만 꺼내 물에 반나절 동안 불린다. 끓는 물에 넣어 두세 번 끓어오르면 꺼내 깨끗하게 씻는다. 가늘게 썬 돼지고기나 닭고기와 함께 끓이면 더욱 좋다. 표고와 마늘을 기름에 볶아 물을 넣고 조금 끓인다. 향이 나면 (상어지느러미와) 고기 육수를 더한다. 재료가 육수에 딱 잠길 정도가 좋다. 식초를 넣고 다시 몇 번 더 끓어 오르게

한다. 물에 갠 녹말가루를 조금 넣고, 파 뿌리를 더하여 한 번
더 끓인 후 그릇에 담는다. 상어지느러미에 붙은 고기와 부드
러운 껍질은 식초와 고기 육수를 더하여 끓인 후 다른 요리로
만든다.

현재의 조리법과 별반 다르지 않다. 이화남은 원매와 거의
동시대 사람이지만 『성원록』은 이화남의 아들 이조원이 정리
하여 출간했다. 따라서 정리하고 편집하는 과정에서 내용이 더
해졌을 가능성이 크다.

이조원은 1734년에 태어나 사망일은 미상이다. 일반적으로
가경연간嘉慶年間(1796~1820년)으로 추측된다. 어쨌든 늦어도 18세
기 말에서 19세기 초에는 지금과 같은 상어지느러미 요리가 완
성된 것으로 본다.

양주에서 유행한 상어지느러미 요리

18세기 중반부터 약 반세기 동안 상어지느러미 요리는 급속히
보급되었다. 양장거는 『낭적총담』에 그 일부분을 기록했는데,
이는 상어지느러미가 연회 식탁에 오른 시기를 추측하는 데 매
우 중요한 사료다.

최근에 양주 부근의 부자치고 손님 초대상에 상어지느러미를 내지 않는 자가 없다. 이름하여 '육시肉翅'라고 한다. 양주 사람은 이 요리를 아주 잘 만드는데 완성품은 맛이 농후하고 풍미가 깊다. 그야말로 천하일미다. 원매는 이렇게 맛있는 요리를 먹는 행복을 누리지 못했다.

상어지느러미가 이미 호화로운 요리가 되었음을 엿볼 수 있다. 부자가 연회에 상어지느러미 요리를 낸 것은 이미 사회에서 진미로 인식했기 때문이다. 원매도 맛볼 수 없었던 맛은 조리법이 격변했음을 나타낸다.

이후의 요리서에도 같은 내용이 나온다. 예를 들면, 1765년에 편찬된 『본초강목습유』에는 다음과 같은 기록이 있다.

상어지느러미는 요즘 사람이 좋아하는 음식이다. 일반적으로 연회에는 반드시 나온다. 말린 상어지느러미는 큰 것과 작은 것이 있다. 세 개가 한 묶음이다. 등지느러미가 하나, (배 부분의) 물살을 헤치는 지느러미가 둘이기 때문이다. (만드는 법은) 삶아서 딱딱한 뼈를 제거하고 엷은 금빛을 띤 부분도 제거해 둔다. 닭 육수로 푹 삶아 요리하는 것이 가장 맛있다.

연회 요리로 빠지지 않고 등장했던 점을 보면, 좀처럼 먹을 수 없었던 요리라기보다 오히려 많은 사람이 맛보던 요리가 아닐까 싶다.

『본초강목습유』에는 상어지느러미 찜만 나오고 상어지느러미 수프는 나오지 않는다. 찜을 맛본 사람들에게 원매가 말한 소박한 조리법은 일고의 여지도 없었을 테니까.

해산물을 싫어한 만주족

『홍루몽』을 읽고 이해가 가지 않는 점이 한 가지 있었다. 상어지느러미 요리가 전혀 나오지 않았던 점이다. 이 장편 속에 그렇게 많은 진미가 등장하고 귀족들이 미식 삼매경에 빠져 있는데, 상어지느러미에 관해서는 한마디 언급도 없다. 대조적으로 제비집은 요리와 후식으로 반복해서 나온다.

대체 왜일까? 수수께끼를 푸는 열쇠는 만주족의 식습관에 있다. 『청패류초淸稗類鈔』에 따르면 청의 강희황제는 사치를 멀리하여 식사도 하루 두 끼밖에 먹지 않았다. 어느 날 대신으로부터 가뭄으로 인한 기근 상황을 보고받은 강희황제는 "너희 한인漢人들은 하루에 세 끼를 먹고 거기에 술까지 마신다. 짐은 초원에서 싸울 때 하루 한 끼밖에 먹지 않았다. 지금도 한 끼는 일품으로 족하다"라고 하며 대신들을 호되게 나무랐다. 이처럼 그의 식생활은 검소했고, 특히 해산물을 싫어했다.

건륭황제 무렵이 되자, 궁궐 풍습은 대부분 한족의 문화에 물들어 식사도 저절로 사치스러워졌다. 청 왕조의 궁궐 기록에 따르면, 건륭황제의 저녁 식사에 제비집을 사용한 요리가 한 번에 두 가지나 나올 정도였다. 그러나 건륭황제도 해산물은 싫어했다. 현재 기록에 남은 메뉴 중 상어지느러미, 해삼, 새우, 전복 같은 해산물은 하나도 없다.

원래 만주족은 동북 내륙부에서 생활하여 해산물을 접할 기회가 거의 없었다. 황제뿐만 아니라 귀족들도 남하한 당시에는 해산물을 그다지 즐기지 않았다. 『홍루몽』의 주인공들이 상어지느러미를 먹지 않았던 것도 그 때문일 것이다.

사실 『홍루몽』에는 어패류 이름이 적게 나온다. 이 소설에는 40여 종의 요리명이 나오지만, 해산물은 한 종류뿐이다. 생선이나 새우는 장원에서 상납한 식자재 목록에나 나올 정도다. 해산물로는 철갑상어 두 마리, 각종 잡어 이백 근(약 120킬로그램), 해삼 50근(약 30킬로그램), 참새우 50쌍, 건새우 200근 정도다. 그에 비하면, 육류의 종류나 양은 압도적으로 많았다.

이 식자재 목록에는 철갑상어도 나온다. 생일에는 철갑상어를 선물로 받았다는 내용도 나온다. 따라서 상어지느러미를 먹었을지도 모른다. 그러나 언급이 매우 적은 것을 보면 그들이 좋아하는 메뉴는 아니었음에 틀림없다.

궁궐로 들어간 상어지느러미

해산물을 제외하면 건륭황제의 식습관은 한족에 상당히 가까웠다. 『청패류초』에 따르면, 건륭황제는 사복으로 강남을 시찰할 때, 절에서 낸 사찰요리에 매우 흡족하여 "말린 사슴 고기나 곰 발바닥보다 훨씬 맛있다"며 대놓고 칭찬했다고 한다.

또 청의 궁궐에서 소주蘇州와 항주杭州 요리가 유행한 것도 건륭황제가 강남 시찰에서 갖고 온 선물 때문이었다.

궁궐 요리사 중에는 한족이 많았기 때문에 시대가 내려옴에 따라 황제들의 취향도 점점 한족을 닮아갔다. 청 왕조 중기를 지나자 요리에서 만주족과 한족을 구분하기가 매우 어려워졌다. 실제로 광서황제와 마지막 황제 부의도 상어지느러미 요리를 먹었다. 특히 광서황제가 매우 좋아했다.

상어지느러미는 청 말기에 고급 연회의 메인 요리가 되었다. 『청패류초』는 고급 연회로 소고석燒烤席, 연와석燕窩席, 어시석魚翅席, 해삼석海參席 등의 이름을 거론했다. 가장 고급 연회는 소고석이다. 돼지 통구이가 메인 요리로 현재는 '만한전석滿漢全席'이라는 이름으로 알려졌다. 물론 돼지 통구이 외에 제비집과 상어지느러미도 나온다.

소고석 다음은 연와석으로, 제비집을 메인 요리로 하는 연회인데 귀빈을 초대했을 때만 열린다. 손님이 자리에 앉으면 맨 먼저 큰 그릇에 제비집 요리를 낸다. 작은 그릇에 제비집을 내는 연회는 연와석이라고 할 수 없다. 제비집은 요리로 내거나 설탕을 넣어 후식으로 내기도 한다.

마찬가지로 어시석과 해삼석은 각각 상어지느러미 요리와 해삼 요리를 메인 요리로 하는 연회다.

중국어에 '어시해삼魚翅海蔘'이라는 숙어가 있다. 맛있는 음식에 푹 빠졌을 때 쓰는 표현이다. '어시해삼'은 상어지느러미와 해삼이다. 상어지느러미는 19세기가 되어 겨우 진미의 절정으로 등극했다.

청대 중기 이후에 상어지느러미 요리가 많아진 이유는 일본에서 수입하는 상어지느러미 양이 급격히 늘어났기 때문이다. 일본 학자 마쓰우라 아키라의 고증에 따르면, 에도시대에 대량의 건해산물이 나가사키에서 중국으로 수출되었다고 한다. 하지만 왜구를 제압하기 위해 명대에 해금령海禁令이 실시되자, 명일明日 무역은 엄격한 제한을 받았다. 그 후 중국 동남 연해 지역에 해적 및 밀수가 횡행했고 이를 단속하기 위해 명 말기까지 해금 정책은 계속되었다.

청 초기에 정성공鄭成功은 대만을 근거지로 반청복명反清復明(청을 멸하고 명을 복원시킴)을 도모했다. 이에 청 정부는 정씨 정권의 힘을 꺾고 대륙 연해부에 은신하는 명 잔당과의 연락을 끊기 위해 천계령遷界令(청나라 초기에 정성공이 반청복명 운동을 펼치자

1661년 이들의 해변 접근을 금지한 명령)을 발포하고 광동에서 산동반도에 이르기까지 바다에서 30리 이내의 주민을 강제로 내륙으로 이주시켰다.

1683년 정성공의 아들 정경이 청에 항복하자 청 정부는 천계령을 철폐했다. 이듬해인 1684년 강희제는 전해령展海令을 내려 민간선박의 출항을 허락했다. 그 후 중일간 무역액이 계속 늘어 일본의 『당만화물장唐蛮貨物帳』 기록에 따르면, 1709년 나가사키에서 중국으로 귀국하는 선박에는 475.5근의 상어지느러미 외에 1573.5근의 건전복, 674근의 건해삼 등이 실렸다고 한다. 이것은 오직 배 한 척에 실린 양으로 한 해 무역량이 어느 정도였는지 짐작할 수 있다.

이후에도 건어물의 무역량은 매해 증가하여 18세기 중기에 들어 배 한 척에 실린 상어지느러미가 1,000근을 넘게 되었다. 19세기에 들어서도 상어지느러미의 수입량은 계속 늘었다. 1852년 에도막부의 관선 치토마세루가 상해에 입항했을 당시에는 무려 상어지느러미 1천 8백 근, 건해삼 2만 4천 근, 건전복 3만 6천 근 등의 수출품이 실려 있었다.

대만산 흰 상어지느러미는 삶으면 눈처럼 부풀어 올라 맛이 일품이었지만 고가여서 사는 사람은 거의 없었다. 남양東南(아시아) 수입품은 퇴시堆翅라고 하여 한 번 익혀서 건조한 것이다. 소비량이 적어 가격은 안정적이지 않다.

이러한 자료에서 볼 수 있듯이 18세기 중기에 들어 일본으로부터 수입량이 늘면서 상어지느러미가 중국 전역으로 퍼지게 되었다.

매운맛의 혁명

혁명가는 매운맛을 좋아한다

근대 중국에는 매운 음식을 좋아하는 혁명가가 많다. 호남성 출신의 마오쩌둥이 그렇고, 사천성 출신의 덩샤오핑도 유난히 고추를 편애했다. 그에 비해 국민당에는 매운 것을 좋아하는 지도자가 거의 없다. 광동성 출신의 쑨원은 말할 것도 없고 절강성 출신의 장제스와 하카客家(중국 남부, 특히 광동성 북부, 강서성 남부, 복건성 남서부에 사는 주민. 이 지역에서 일반의 한족漢族은 본지인本地人이라 자칭하지만, 하카는 외래이주자로서 토착민과 구별된다) 출신 리덩후이도 매운 것을 좋아하지 않았다.

1949년에 중화인민공화국이 성립하기 이전에는 강소성, 절강성 출신을 배후로 하는 국민당이 중국을 지배했다. 정치가나 기업가는 대부분 양주, 소주, 항주, 영파 등의 남방 요리를 좋아했다. 정치의 중심이던 수도 남경도, 공업 도시이자 금융의 중심이던 상해도 장강 하류에 자리 잡고 있었다.

　남경은 오래된 도시로 가까이에 양주와 소주가 있다. 이 두 도시에는 역사가 긴 양주 요리와 소주 요리가 있다. 한편, 새로운 이주민들의 도시인 상해에도 강소성과 절강성 출신이 많았다. 강소성 요리나 절강성 요리는 전통적으로 고추를 거의 사용하지 않는다. 사실 1940년대 초 상해 음식점은 소주 요리점과 무석 요리점이 절반 이상을 차지했다. 사천 요리점이 없지는 않았으나 맛은 현재의 사천요리와 전혀 달랐다. 1920년대에 중국을 방문한 고토 아사타로는 『지나요리통』에서 다음과 같이 말했다.

　　사천요리는 채소의 특성을 잘 살려 채소가 주가 되는 일본인의 입에 아주 잘 맞았다.

　이 책은 저자의 중국 견문을 바탕으로 쓴 책으로 이처럼 당시의 사천요리는 전혀 매운 이미지가 아니었다.

　가네코 미츠하루는 1928년에 상해로 건너와 5년 정도 머물

렀는데 나중에 쓴 『해골잔どくろ杯』에는 연회에 관한 이야기가
나온다.

연석(제비집 연회석)이든, 시석(상어지느러미 연회석)이든 한 상
의 요리는 28가지 정도. 초대받은 두 개의 연회가 겹쳐 오전
11시에 소유천에서 시작된 연회가 오후 3시 반에 끝나자마자,
쉴 틈도 없이 그 길로 두 번째 연회인 도락춘(1930년대 상해의
유명한 사천요리 식당)에 5시까지 가서…….

중국에 5년을 머무르면서 가네코 미츠하루는 중국의 사정을
속속들이 꿰뚫고 있었다. 만일 매운 요리가 유행했다면 반드시
어딘가에서 다뤘을 것이다.
　물론 당시 중국에 매운 요리가 없었던 것은 아니다. 사천성,
호남성, 호북성 사람들이 고추를 즐겨 먹었던 것은 『청패류초』
에도 나온다. 그러나 전부 가정요리 정도에 머물렀다.

고추의 도래

원래 고추는 중국에서 나지 않고 명 말기에 외국에서 들어온
것이다. 대항해시대에 멕시코와 아마존이 원산지인 고추가 세

계 각국으로 퍼져 재배된 것이다. 그에 관해서는 현재까지 이견이 없다. 사실 만력24년(1596년)에 간행된 이시진의 『본초강목』에는 아직 고추가 나오지 않는다. 따라서 중화요리에 고추를 사용한 것은 겨우 300년 남짓이다. 매운맛이 주를 이루는 사천요리도 옛날에는 고추를 사용하지 않았다.

물론 고추가 외국에서 들어오기 전에도 사천성과 호남성 사람들은 매운 것을 좋아했다. 오래전부터 겨자를 조미료로 사용했고, 원대의 매명은 『음식필지』에 양생의 관점에서 겨자의 효용을 소개했다.

고추가 중국에 들어온 후에도 겨자를 먹는 습관은 없어지지 않았다. 이어李漁의 『한정우기』에 "매운 국을 만드는 겨자의 씨앗은 오래될수록 좋다. 이것을 요리에 넣으면 맛있지 않은 것이 없다"라고 썼다. 청대에도 겨자를 조미료로 사용했음을 알 수 있는 대목이다. 이런 기호 때문에 고추가 중국에서도 받아들여지지 않았을까.

단, 주목해야 할 것은 고추가 언제부터 요리에 사용되고 널리 퍼지게 되었느냐다. 사실 중국에 들어온 즉시 요리에 사용된 것은 아니다. 아주 매운 요리가 나타나 식문화의 중심에 서게 된 것은 상당히 나중 일이다.

청대 초기의 요리서를 살펴보자. 명 말기에 편찬된 주이존의 『식헌홍비』에 '랄탕사辣湯絲'라는 요리가 나온다. 돼지고기, 버섯, 죽순을 채 썰어 만든 수프로 '랄'은 맵다는 의미다. 그러나 레시피를 보면 고추는 사용하지 않는다. 겨자를 뿌렸을 정도다. 또 '랄자계陳煮鷄'는 "삶은 닭고기를 찢어 해삼, 해파리와 함께 한 번 더 삶는다. 그릇에 옮기기 전에 겨자를 넣는다. (닭고기를) 식혀 참기름으로 무쳐도 맛있다"라고 소개한다. 후자는 지금의 '봉봉계棒棒鷄'의 원형이다. 매운 요리지만 고추를 사용하지는 않았다.

또 한 가지 주목할 점은 청대에 들어서도 겨자를 사용한 요리가 양적으로 그리 많지 않았다는 것이다. 『식헌홍비』에는 고작 1종밖에 나오지 않는다. 물론 이 요리서가 청대 모든 요리를 망라한 것은 아니다. 그러나 등장하는 요리의 종류를 보면 상당히 대표성이 있다. 하물며 17세기 중국에서 고추는 식문화 중심에 아직 등장하지 않았다.

그렇다면 18세기 중국은 어땠을까? 1798년에 82세로 생을 마감한 원매는 18세기의 산증인이다. 그러나 음식 백과사전인 『수원식단』에서는 고추에 관해 한마디도 언급하지 않는다. 원매는 조미료와 양념에 한 항목을 할애하여 그 역할과 사용법을 상세히 설명했다. 된장, 식용유, 조리술, 식초, 파, 산초, 생강, 계피, 설탕, 소금, 마늘 등 십수 종에 이르지만, 고추는 찾아볼 수 없다. 또한, 양 머리를 삶을 때나 양 위를 요리할 때 등등 많은 요리에 후추를 사용했는데, 고추는 어디에도 사용하지 않았다. 고추를 채소로 사용한 기록도 없다.

원매는 항주 부근에서 태어나 강포, 강령(현재의 남경) 등의 지사를 역임하고 은퇴 후에 강령의 소창산 기슭에 수원隨園을 짓고 만년을 보냈다. 그의 생활 반경은 줄곧 강소성과 절강성에 한정되어 있었기에 어쩌면 사천요리를 몰랐을 수도 있다.

사천 사람도 먹지 않았다

사천성에서는 언제부터 고추를 널리 먹게 되었을까? 18세기 사천요리를 기록한 사료는 찾아볼 수 없지만, 다행히 사천성 출신이 쓴 요리서가 있다. 앞에도 나온『성원록醒園錄』이다.

하지만 이 요리서에도 고추를 사용한 요리는 전혀 찾아볼 수 없다. 이 책은 서두에서 저자가 강남에 임관했을 당시에 모은 조리법을 기록한 책이라고 밝혔다. 그렇다면 고추가 나오지 않는 게 이상하지 않다. 그러나『성원록』에 겨자잎 조리 가공법은 네 차례나 나온다. 만일 저자에게 고추를 먹는 습관이 있었다면 겨자와 고추의 풍미가 다른 점을 다뤘어도 전혀 이상할 게 없다. 하지만 그런 기록은 찾아볼 수 없다.

설령 18세기에 사천성 서민들이 고추를 일상적으로 먹었더라도 사대부에게는 이 풍습이 아직 없었을 것이다.『본초강목』

과부課部 34권에 '식수유食茱萸'라는 매운 조미료가 나온다. 식수유는 옛날부터 귀한 대접을 받았지만, 당시 상류층 사람 중에는 사용하는 이가 드물었다. 향신료의 기호는 지역 차이뿐만 아니라 같은 지역에서도 계층에 따라 큰 차이가 있었다.

고추의 등장

19세기가 되면 드디어 요리서에 고추가 등장한다. 1816년에 초판이 나온 『수식거음식보隨息居飮食譜』에서는 '랄가辣茄'라는 이름으로 고추를 소개한다. "종류는 하나가 아니라, 처음에 청색을 띠다가 적색으로 바뀐다"라고 한 것으로 보아 상당히 매운 품종 같다. 단, 이 고추는 채소를 의미하는 소식류蔬食類, 즉 푸성귀류가 아니라 산초나 후추, 계피 같은 '조화류調和類', 즉 조미료와 양념으로 분류되어 있다. 고추를 채소로 먹었던 것도 아니지만, 어떤 요리에 조미료로 사용했는지도 명시하지 않았다. 같은 책에 고추를 사용한 요리는 하나도 없다.

주목할 것은 "사람들은 대부분 그것을 좋아해서 종종 질병을 부른다"라는 말이다. 저자 왕사웅은 절강성 해령에서 태어나 항주와 상해에서도 살았다. 19세기 중엽에는 장강 하류 지역에도 서민 사이에 고추가 어느 정도 퍼졌을 것이다. 그러나 글깨나 읽는 사람들은 이 새롭게 전해진 음식에 아주 강한 편견을 갖고 있었다.

당시 고추에는 많은 호칭이 있었다. 『수식거음식보』에 따르면, 고추의 별칭이 여덟 가지나 나오는 데다 지역별 호칭도 달랐다. 방언에 따른 호칭의 차이는 고추가 상당히 널리 분포되어 있었음을 의미한다.

궁중 요리에는 고추가 없다

궁중 요리는 어땠을까. 류약우의 『작중지』를 보면, 명대에 매년 전남滇南(현재의 운남). 오대산, 동해(동중국해), 강남(현재의 강소성 남부와 절강성), 소화(강소성 북부), 요동(요동성 동부와 남부) 등 전국 각지에서 다양한 식자재를 헌상했으나 고추의 이름은 나오지 않는다. 참기름, 단 된장, 메주, 간장, 식초 등 다른 조미료 이름은 볼 수 있지만, 고추는 찾을 수 없다.

'원소절元宵節'인 정월 대보름에는 '마랄활토麻辣活兔'라는 명절 요리를 먹었다. '마'는 저릴 듯한 미각, '랄'은 맵다는 의미다. 그러나 '마랄활토'가 어떤 요리인지에 대해서는 자세한 설명이 없다. 그 후 청대의 『조정집』에 '마랄토사麻辣兔絲'라는 요리가 나온다.

토끼를 닭 육수에 삶는다. 황주(소흥주의 일종), 간장, 파, 생강
즙, 산초 가루를 더하고 콩가루로 걸쭉하게 만든다.

고추는 사용하지 않지만, 산초가 더해져 요리명에 '마랄'이
라는 이름이 붙었다. 『작중지』에 나오는 '마랄활토'의 '마랄'도
아마 비슷한 맛일 것이다.

『작중지』에는 궁중의 명물 요리로 수십여 종의 요리명이 올
라와 있는데, '마랄활토' 외에 '랄탕(매운 국)'이라는 이름도 보인
다. 11월이 되면 추위를 막기 위해 매일 이른 아침에 마셨다고
한다. 지금도 추위를 막기 위해 생강 달인 물을 마시는데, 여기
서 말하는 '랄탕'도 같은 종류였을 것이다. 그 외에 고추를 사
용한 기록은 찾아볼 수 없다.

청대에도 궁중 요리에는 고추를 넣지 않았다. 원래 만주족에
게는 겨자를 먹는 풍습이 없었던 모양이다. 『홍루몽』에 식초를
사용한 요리를 비롯하여 다양한 음식과 조리법이 묘사되어 있
지만, 매운 요리는 한 가지도 나오지 않는다.

서남에서 북방으로

19세기에 들어 고추는 서남지역의 서민들 사이로 퍼졌다. 『청

패류초』에 따르면, 사천성뿐만 아니라 호남성, 호북성, 귀주성 사람들도 매운 것을 아주 좋아했는데, 특히 호남성과 호북성에서는 어떠한 진미를 나열해도 겨자와 고추가 없으면 사람들이 젓가락을 대지 않았다고 한다.

증국번曾國藩이 양강의 총독이 되었을 때, 하급관리 한 사람이 전임 요리사에게 뇌물을 주고 상사인 총독이 어떤 음식을 좋아하는지 캐내려고 했다. 그러나 그 요리사는 "식사 때마다 내가 잘 살필 테니 괜찮소. 신경 쓰지 마시오"라고 답했다.

어느 날, 제비집 요리가 생겨 요리사에게 보이자 요리사는 대나무통 하나를 꺼내어 뭔가를 마구 뿌려댔다. 하급관리가 무엇이냐고 묻자 "고춧가루요. 총독 나리는 매운 것을 아주 좋아하셔서 식사 때마다 요리에 이것을 뿌리면 칭찬을 듣는다오"라고 무심코 비밀을 알려주고 말았다. 나중에 그 하급관리가 똑같이 해봤더니 과연 요리사가 말한 그대로였다. 증국번은 호남성 출신으로 1872년에 61세로 사망했는데, 이처럼 고추는 19세기에 이미 호남성 사람들의 기호품으로 자리했다.

그러나 그 외의 지역에서는 아직 고추를 많이 사용하지 않았던 것 같다. 1850년에 태어나 1926년에 사망한 설보진薛寶唇은 『소식설략素食說略』이라는 책을 지어 청 말기의 사찰 요리를 소개했다. 170종에 이르는 요리 중 고추를 사용한 요리는 겨우 6종이다. 저자가 서두에서 "섬서와 북경의 요리를 소개한다"

라고 말했기 때문에 어쩌면 당연한 것인지도 모른다. 어쨌든 19세기 말 전후에 고추의 식용은 이미 북방의 황하 유역까지 퍼져 있었다.

연회 차림표에는 없었다

증국번의 일화에서 엿볼 수 있듯이 고추는 요리 과정에서 사용하는 게 아니라 완성된 요리에 뿌리는 경우가 많았다. 또 지역적으로 보면 서남부에서 출발해 다른 지역까지 퍼졌지만, 매운맛이 요리 문화의 중심에 뿌리를 내렸다고는 단정할 수 없다. 증국번의 고추 사랑도 당시 다른 지역 사람이 보기에는 신기했으니 『청패류초』에 실었을 것이다.

1860년대 상해로 이주한 갈원후葛元煦의 『호유잡기滬游雜記』에는 상해에 있는 주요 음식점의 메뉴가 나온다. 예를 들면, 경홍루라는 음식점에는 소압燒鴨(오리구이), 홍소어시紅燒漁翅(간장맛의 상어지느러미 찜), 홍소잡반紅燒雜拌(간장맛의 섞어 찜). 배해삼扒海蔘(해삼조림), 하자두부蝦子豆腐(새우달걀두부), 류어편溜魚片(생선 양념장 볶음) 등이 메뉴로 나왔다.

중화요리 명명법에 따르면, 고추를 사용한 요리에는 반드시 랄辣이나 랄미辣味라는 말이 나온다. 그러나 앞의 요리명에는 어느 것도 '랄辣'이라는 글자가 붙어 있지 않다. 갈원후는 총 6대 음식점에 있는 42종의 요리명을 들었지만, 고추를 사용한 요리는 하나도 없다.

중국에서 1877년부터 3년에 걸친 실제 조사를 바탕으로 한 세체니 백작 조사대의 견문록도 이를 증명한다. 여행지인 숙주肅州(지금의 주천)에서 세체니 백작 일행은 총독인 좌종당左宗棠이 개최한 연회에 초대받았다. 그 모습에 관해 같은 조사대의 한 사람인 G·클라이트너는 다음과 같이 묘사했다.

> 응접실 중앙에는 식탁보를 깔지 않은 둥글고 흰 나무 식탁이 고정되어 있고, 과자와 과일, 사각 모양의 햄 조각 등이 담긴 접시가 여러 개 올려져 있었다. 차가운 닭가슴살 요리도 있었다. (중략) 오리구이와 말린 상어지느러미 요리는 하나같이 맛있었다. 요리 중 사치의 극에 달했던 것은 돼지 한 마리를 통째로 구운 것이었다.

이 요리들은 현재도 연회에 나온다. 하지만 매운 요리는 하나도 없다. 흥미롭게도 좌종당은 호남성 출신이라 원래 매운 것을 좋아했을 가능성이 높지만 초대연에서 고향 요리를 내지 않았던 것은 거주지역의 습관을 따랐기 때문일 것이다. 어쨌든 정식 연회에는 아직 고추가 들어설 여지가 없었다.

고추를 좋아하는 지역에서는 정식 연회에도 매운 요리가 나왔다. 세체니 백작은 사천성의 성도를 방문했을 때도 총독의 환영 파티에 초대받았다.

드디어 초대한 측의 두 사람은 우리를 식탁으로 안내하고, 예법에 따라 음료와 젓가락을 건넸다. 그리고 정장용 모자를 벗은 후 테두리가 없는 검고 둥근 비단 모자로 바꾸고 혁대를 풀면 소채炒菜(볶음 요리)가 나온다.

요리는 계속해서 나왔다. 20접시까지는 확인했지만, 그 이상은 세는 것을 포기했다. 60접시 정도 나왔을 것이다. 매운맛을 살린 중국요리는 처음에는 뭐든 맛있었지만, 나중에는 그저 눈앞을 스칠 뿐이었다.

요리는 더없이 맛있었고 나는 기름에 튀긴 상어지느러미를 접시에 세 장이나 펼쳤다.

세체니 백작 일행은 많은 지역을 방문하여 거듭 접대를 받았다. 그러나 매운 요리가 나온 곳은 이곳뿐이다. 게다가 '매운맛을 살린' 정도였기에 아주 맵지는 않았다.

최고의 요리는 담백한 요리

20세기에 들어서도 마찬가지였다. 1923년에 상해를 방문한 미야케 고켄의 『상해인상기上海印象記』에 따르면, 당시의 연회는 지금과 완전히 달랐다.

> 성대한 연회에는 요리 수가 대중소를 섞어 16접시로 생선, 가금류, 육류, 채소 등의 다양한 요리가 나오는데, 대개 첫 번째로 상어지느러미가 나오고 차례로 삶은 요리, 수프 등이 나오다가 12번째 접시 정도에 제비집이 나온다. 제비집 다음에는 과자류가 식기를 바꾸어 나오고 최종적으로 반찬 4종과 밥을 먹는다.
>
> 더 간략하게 하면 12접시, 10접시가 나오기도 하는데, 이때는 반찬은 2종이며 10번째, 또는 8번째에 제비집이 나와 분위기를 새롭게 한다.

미야케 고켄은 요리에 관해 자세히 기록했지만, 매운 요리는 전혀 다루지 않았다. 단지 저자의 기록 누락이 아님은 『지나요리통支那料理通』으로도 증명할 수 있다. 1929년에 간행된 『지나요리통』은 당시의 중화요리를 상세히 기록했으므로 기록 누락은 절대 있을 수 없다. 『지나요리통』은 이노우에 고바이의 『지나

풍속支那風俗』에 수록된 '상해 음식점 비평기'와 나란히 1920년대 중화요리를 알 수 있는 귀중한 자료로, 그중에서도 특히 맛에 관한 소개가 흥미롭다.

중화요리는 계속 부식(반찬)만 나오므로 너무 짜면 갈증이 난다. 그래서 소금 간이 필요한 요리는 살짝만 간을 한다.

그중에서도 특히 소주蘇州 요리는 소금 간이 매우 약하다. 담백한 맛으로 요리의 격을 높이고자 하는 것은 아니나, 어쨌든 간이 약하고 담백한 요리를 만인의 요리로 친다. 만일 식탁에 앉은 손님 중에 짠맛을 좋아하는 이가 있다면, 직접 작은 종지에 간장을 덜면 된다. 또 신맛을 좋아하는 이가 있다면 식초를 덜면 된다. 후추와 겨자도 식탁에 놓여 있으므로 자유로이 기호에 맞게 적당히 가감하면 된다.

『지나요리통』의 저자 고토 아사타로는 종종 중국을 방문하여 직접 보고 들은 바를 여러 권의 여행기로 남겼다. 당시 중국인들이 깨닫지 못한 미묘한 맛의 특징을 예리하게 구별했다는 평가를 받는다.

또한, 마파두부는 백 년 정도 전에 대중 요리로 등장했다. 봉봉계棒棒鷄나 탄탄면에 관한 기록은 볼 수 없지만, 고추의 도래 과정을 생각하면 그 역사는 길어야 300년 정도이다.

상어지느러미와 고추만이 아니다. 북경오리도 역사가 그리 길지 않다. 오리구이는 요리책에 일찍부터 등장했지만, 북경오리의 원형은 오래되어야 남송南宋 정도다. 명이 북경에 환도했을 때 항주 요리인 오리구이를 궁중으로 갖고 들어왔다.

현재 북경오리는 진압塡鴨이라는 품종을 사용한다. 오리를 암실에 넣고 사료를 입부터 채워 단기간에 살찌운 것이다. 이 진압의 원형인 북경오리의 사육도 명대에 시작되었다.

문헌 속에는 진압 사육이 그보다 더 늦다. 하증전夏曾傳(1843~1883년)은 『수원식단보증』 '증압蒸鴨'에서 "북방인은 (사료를 오리 입에) 채워 넣고 사육하여 짧은 기간에 살찌울 수 있다"라고 했다. 이는 19세기 중반의 일이다.

북경오리 조리법은 『청패류초』 '경사식품京師食品'에서 볼 수 있다. "(오리 요리는) 탕과 찜이 있는데 더 맛있는 것은 구이다. 예리한 칼로 껍질을 동전 크기로 자르는데, 절대 껍질에 고기를 붙이지 않는다"라는 대목이 나온다. 덧붙이자면, 지금과 같은 북경오리를 만든 전문점의 원조 '편선방便宣坊'은 1869년에 개점했고, 유명한 '전취덕全聚德'은 1901년에 개업했다.

오리 식용사는 한대漢代로 거슬러 올라가지만, 진미로 기록된 것은 그보다 훨씬 후의 일이다. 류약우의 『작중지』에 명의 태조가 오리를 좋아했다는 기록이 있는 것으로 보아, 아마 명대에 들어서야 오리가 고급 요리 축에 들어갈 수 있었을 것이다.

오리가 궁중 요리로 들어간 것은 명의 지배층 중에 장강 하류 지역 출신자가 많았던 점과 무관하지 않다. 해산물을 좋아했던 그들은 동남 연안의 음식을 식문화의 중심으로 끌어들였다. 청대에 들어 또 변화가 일어났는데, 앞서 말했듯이 청의 순치황제나 강희황제는 해산물을 싫어해 전복을 포함한 바다의 진미를 멀리했다. 건륭 이후에야 드디어 해산물이 궁중 요리로 되돌아왔다.

전채의 단골 메뉴인 피단도 명 말기에 등장했다. 현존하는 사료에 따르면, 피단의 식용 역사도 길어야 300여 년밖에 되지 않는다. 17세기에 편찬한 『양여월례養余月禮』에 만드는 법이 상세히 기록되어 있으며, 주이존도 『식헌홍비』에 '피단'이라는 항을 만들어 소개했다.

흥미로운 것은 『수원식단』의 기록이다. 원매는 "북방에서는 편단扁蛋 또는 송화채단松花彩蛋이라고도 한다. 보통은 부드러운 것을 고급으로 친다"라고 기록한 후 "나는 한 번도 맛본 적이 없다"라고 밝혔다.

피단의 식용사를 검증하는 데 빠트릴 수 없는 중요한 증언이다. 미식가인 원매조차 맛본 적이 없었다 하니 당시에는 일상적인 음식이 아니었을 것이다. 사실 1861년에 초판이 나온 왕

사웅王士雄의『수식거음식보』에 "피단은 맛있고 향도 좋지만 아
픈 사람은 먹으면 안 된다"라는 내용이 나온다. 19세기 중엽에
는 피단이 건강에 좋지 않다고 믿었다.

원매보다 조금 후세대인 이화남의『성원록』에도 이 가공 음
식이 나온다. 다만 피단皮蛋이 아니라 변단變蛋으로 되어 있다. 중
국어로 '변단變蛋'은 문자 그대로 '특이한 알'이라는 의미로, 지
역에 따라 부르는 이름이 달랐음을 알 수 있다. 어쨌든 피단이
언제 전국으로 퍼졌는지는 명확하지 않다.

피단이 손님 접대용 요리가 된 것은 상당히 나중의 일이다.
청의『조정집』에 나오는 연회 메뉴를 보면 냉반冷盤, 즉 전채요
리 목록에 삶은 오리, 닭고기 술지게미 절임과 나란히 피단이
등장한다. 연회 요리로 정착된 시기는 아마 청 후기일 것이다.

피단과 비교하면 해파리는 옛날부터 알려져 있었다.『박물
지博物志』에 이미 "사람들이 (해파리를) 데쳐서 먹었다"라는 내용
이 나온다. 당의 류순劉恂이 지은『영포록이嶺表錄異』에 무쳐서 먹
는 방법이 나오는 것으로 보아 늦어도 당대에 이미 현대와 비
슷한 방식으로 먹었을 것이다. 단,『영포록이』는 벽지의 풍속
을 기록한 책이므로 해파리를 '이異', 즉 진기한 것으로 다뤘다.
『박물지』에는 "초나라 사람이 먹는다"라고 했는데, 역시 처음
에는 남방 연해 부근에서만 먹었을 것이다.

청대에 해파리를 먹는 풍습이 자연스럽게 퍼져『식헌홍비』

에서도 무침요리로 소개하고 있다. 단, 언제부터 전채의 대표 격이 되었는지는 분명하지 않다.『수원식단』에는 식초 절임 마늘, 무 겉절이, 발효 두부와 함께 '소요리'에 들어가 있는 것으로 보아, 18세기에는 아직 연회에 등장하지 않았을 것이다.『조정집』에 드디어 연회의 전채요리로 처음 등장했다.

계속 진화하는 중화요리

21세기의 움직임

최근 20년 사이 중화요리는 더욱 큰 변화를 이뤘다. 필자는 1990년대 중반부터 거의 한 해에 한 번은 중국에 갔다. 그때마다 새로운 요리와 이제껏 없던 유행을 만나고, 끊임없이 맛있는 음식을 추구하는 사람들을 지켜봤다. 미각은 끊임없이 변하고 그에 수반하여 식문화도 항상 역동적으로 변하고 있음을 실감했다.

1년은 요리의 변화를 관찰하기에 적합한 기간이다. 음식의 변화는 완만하게 일어나므로 계속 중국에 머무르면 오히려 깨닫기 어렵다. 간격이 너무 길면 자잘한 변화를 놓치기 쉽다.

20년을 관찰하면서 무엇보다 미각의 진화가 매우 빠르고, 그 진화에 적응하는 중화요리의 포용력 또한 매우 유연함을 느꼈다. 더 풍성한 식탁과 더 맛있는 음식을 위해서라면 중화요리는 외래의 것을 일절 거부하지 않는다. 그중에는 전에 전혀 생각지 못했던 것들도 많다.

원래 중화요리는 명확히 구분할 만한 특징이랄 게 없다. 다민족 음식이 흘러들어와 형성되었기에 이질성이 크다. 그 잡종성이야말로 외래 식자재와 조리법을 쉽게 받아들이는 원천이 되었다. 중화요리에 '오랜 전통'이 있다면, 역사 속에서 요리가 끊임없이 변화하며 이어졌다고 봐야 하지 같은 요리를 계속 먹어왔다는 의미가 아니다.

다른 요리문화도 다르지 않다. 이탈리아 요리라고 하면 먼저 토마토가 떠오른다. 토마토는 이탈리아의 전통 식자재라는 이미지가 있지만, 원래 안데스 고원이 원산지이며 미대륙이 발견되고 나서 유럽에 전해졌다. 이탈리아에서는 처음에 관상식물로 귀한 대접을 받았지만, 19세기 들어 대량 재배되면서 요리에 많이 사용되었다. 식용의 역사는 겨우 150~200년 남짓이지만 고추가 한국 요리의 얼굴이 된 것처럼 토마토도 150년 새 이탈리아 식자재의 주역이 되었다. 모든 '전통'이 그렇듯이 '고유固有'라고 생각되는 요리의 기원을 하나씩 검증해가면 의외로 그 역사는 짧다.

새로운 식자재

최근 20년 새 중화요리에서 몇 가지 두드러지는 변화를 감지할 수 있다. 먼저 다양한 식자재다. 경제 발전과 국제화에 발맞춰 중국은 세계 각국으로부터 식자재를 구매하거나 외국 채소를 재배하기 시작했다. 필자는 재외 연구로 2007년부터 2년간 보스턴 교외에 체재한 적이 있다. 당시에 들른 미국의 슈퍼마켓은 마치 세계 식자재 전시장처럼 어마어마한 물품이 진열되어 있었다. 미국에 비할 바는 아니지만 중국도 호주산 랍스타, 칠레와 페루 등 남미산 생선과 새우, 동남아시아의 과일 등 다양한 외국산 수산물과 농산물을 수입하고 있다.

원래 중화요리는 조리법이 다양하여 어떤 재료든 써먹기 나름이라 사용하지 못할 게 없다. '청경채 크림찜'으로 볼 수 있듯이 중화요리와 전혀 어울리지 않을 듯한 우유도 풍미를 살려 중화요리에 이용한다. 토마토든 양파든 감자든 삶거나 데치기만 하면 훌륭한 가정요리가 된다. 상추조차 강한 불로 재빨리 볶아 맛있는 일품요리로 만든다. 서양요리에서는 상상도 하지 못할 조리법이다.

물론 외래 식자재 중에도 널리 사용하는 것과 그렇지 않는 것이 있다. 현재도 가장 많이 사용하면서 인기 있는 식자재를 꼽으라면 단연 연어와 랍스타다. 볶아서도 먹지만 생으로도 즐긴다. 불과 10년 전만 해도 양송이, 팽이버섯, 새송이버섯 같은 버섯류를 찾아볼 수 없었지만, 지금은 당당히 서민의 식탁에 오른다. 푸아그라는 프랑스 식자재지만 지금은 중화요리의 하나로 음식점 메뉴에 올라 있다.

다음은 조리법의 변화다. 2001년경 북경과 상해 등 주요 도시의 음식점에서는 '피풍당避風塘'이라는 이름이 붙은 요리가 유행했다. 고기 요리나 생선 요리를 주문하면 "볶음으로 하시겠어요? 피풍당으로 하시겠어요?"라고 종업원이 되물었다. 처음에 당최 무슨 뜻인지 몰라, 호기심에 주문했더니 이제껏 본 적 없는 특이한 요리가 나왔다.

피풍당은 원래 홍콩에서 수상생활을 하는 사람들의 거주지역이었다. 피풍避風은 바람을 피한다는 의미이고, 당塘은 수역水域을 가리킨다. 수역 후미의 오목한 곳은 태풍의 습격을 피하기에 좋아 어업을 생업으로 삼은 사람들이 피난 장소로 자주 이용했다. 지리적인 편리함 때문에 늘 어선이 정박하여 배의 수도 증가했다. 인구가 늘어남에 따라 얼마 후 일대 구역이 형성되었고, 어느샌가 그곳에 거주하는 사람들 사이에 독특한 문화가 생겨나 육지에서는 볼 수 없는 요리가 등장했다. 가장 잘 알려진 것은 '피풍당 게'라는 특이한 게 요리다. 만드는 법은 그리 어렵지 않다. 먼저 손질한 게를 식용유를 넉넉히 두르고 튀기듯이 볶아 둔다. 마늘과 고추 썬 것에 두시(콩을 발효시켜 만든, 말린 청국장과 비슷한 식품)를 더하여 볶고, 마늘이 익으면 게와 섞어 완성한다. 다른 지역에는 없는 독특한 조리법이어서 지명이 요리명이 되었다.

2000년 북경에서 이 조리법을 어패류와 고기 요리에 응용하면서 선풍적인 인기를 끌었다. 그러나 이 유행은 오래가지 않았다. 어느샌가 이 조리법을 사용한 요리는 메뉴에서 사라지고 대신 '피풍당'은 음식점 이름이 되었다. 예전에 '피풍당'이 조리법 자체를 의미했던 것은 거의 잊혔다. 음식의 유행은 때론 옷보다도 신구 교체가 빠르다.

얌차이에도 유행 음식이 있다. 새우 교자 같은 메뉴는 꾸준히 인기가 있지만, 각 음식점이 독자적으로 만들었거나, 일시적으로 유행했던 음식이 불과 한두 해 사이에 사라져버리는 일도 드물지 않다. 수년 전 얌차이 레스토랑에서 중국 식자재를 올려 구운 타르트를 먹은 적이 있는데, 이듬해 갔을 때는 이미 찾을 수 없었다.

일본의 사시미가 중화요리 영역으로 들어온 것은 1990년대로 거슬러 올라가는데, 한국의 불고기가 인기를 끈 것은 그보다 좀 더 나중이다. 지금 불고기는 중화요리 음식점 메뉴에서도 찾아볼 수 있을 정도다. 특히 '고高'라는 글자가 붙은 요리 중에는 불고기에서 아이디어를 얻은 요리가 적지 않다.

2013년 상해에서는 태국 요리가 유행하여 시내에 태국 음식점이 많이 들어섰다. 아직 태국 요리 조리법은 중화요리에 크게 영향을 미치지 않은 듯하지만, 만일 인기가 계속된다면 중화요리점에서 볼 날도 멀지 않을 것이다.

기묘한 요리명

세 번째는 요리명의 변화다. 이 책의 서문에서 다뤘듯이 1990년대에는 길운吉運을 비는 요리명이 한때 유행했다. 하지만 결국 원래의 명명법으로 돌아왔다. 그러나 요식업의 경쟁이 치열한 탓인지, 이목을 끌기 위한 신묘한 요리명은 그 후로도 계속 등장했다.

2012년 3월 연구실 학생들의 졸업여행에 동참해 오랜만에 북경을 방문했다. 그때 만주족과 몽골족의 귀족 요리를 연상케 하는 요리가 무척 많다는 느낌을 받았다. '나가소관邢家小館'이라는 음식점에서 메뉴를 펼쳤더니 '만족동두피양어권滿族董豆皮羊魚卷' 같은 요리명이 눈에 들어왔다. 무슨 뜻인지 도통 몰라 점원의 설명을 들었는데도 종잡을 수가 없었다. 결국, 만주족의 요

사진1 만족동두피양어권

리인지 어떤지 아무도 몰랐다. 신기한 요리명에 끌려 주문하는 사람이 있으니 이런 명명법이 유행했을 것이다.

실제로 '나가소관'뿐만 아니라 궁중 요리나 북경오리 전문점의 메뉴에도 '몽고친번고우육蒙古親藩烤牛肉'이니 '패륵고양육貝勒烤羊肉'이니 하는 당최 정체를 알 수 없는 요리명이 나온다. 명칭만 그런 게 아니다. 외관도 기존 중화요리와 다르다(사진). 그러나 아무도 신경 쓰지 않는다. 지금 수첩을 보니 '나가소관'에서 먹었던 요리의 명칭이 다음과 같이 적혀 있다.

'행간소월성杏干小月生', '나가취우아邢家脆藕鵝', '부귀점연고富貴粘年糕', '나가자제두부邢家自制豆腐', '용두부조관장龍豆腐燦灌腸', '유피소

권油皮素卷’, ‘부용권채芙蓉卷菜’, ‘노북경소육방老北京酥肉方’, ‘선지어편宣紙漁片’.

도대체 뭐가 뭔지 전혀 알 수 없다. 필자가 아는 것은 ‘총화병葱花餅 파빵’과 ‘작장면炸醬麵’뿐이다.

현재 북경에서는 ‘관부채官府菜’라는 요리명이 유행하고 있다. ‘경성관부채京城官府菜’라고 하면 고급 관료 요리 같은 느낌이 난다. 대표적인 음식으로는 ‘려가채厲家菜’, ‘백가대택문식부白家大宅門食府’, ‘격격부格格府’ 등이 있다. 이 유행이 언제까지 계속될지는 아무도 모른다.

국토가 넓은 중국에서는 북경의 유행이 다른 지역에 미치는 영향은 크지 않다. 상해나 광주 등의 대도시에는 또 다른 유행이 있다. 같은 도시에서도 음식점에 따라 맛이 다르다. 소비자는 오히려 그 다양함을 즐긴다. 그래서 현대식 중화요리 음식점이 있는 한편, 5~60년대의 서민 음식을 파는 가게도 있고 문화혁명 당시의 맛없는 음식으로 인기를 끄는 가게도 있다.

다양해진 식기류

가장 놀랐던 것은 다양한 플레이팅과 식기다. 중국인은 어쩌면 음식의 전통보다 맛과 새로움에 강한 흥미가 있는 게 아닐까?

식자재나 조리법뿐 아니라 음식을 담는 식기에도 끊임없이 새로움을 추구하고 있으니 말이다.

중화요리라고 하면 이전에는 요리를 일제히 식탁에 늘어놓는 이미지였지만, 지금은 프랑스 요리처럼 한 가지씩 내놓는다. 손님 요구에 따라 1인분씩 서비스하는 음식점도 있다. 주문 방식에도 변화가 생겼다. 풀코스로 주문하는 사람은 거의 없고 일품요리가 주류다.

또 예전에는 음식을 그릇에 수북이 담기만 했지만, 지금은 소량만 담거나 껍질을 장식하는 등 모양을 갖춰 예쁘고 보기 좋게 담는 데 신경을 쓴다. 마치 일본 요리나 프랑스 요리를 연상케 하는 플레이팅이다. 따라 할 의도가 없었다고 해도, 외국 요리의 사진이나 실물을 보고 힌트 정도는 얻지 않았을까?

식기가 다양해진 점은 무척 흥미롭다. 필자의 어린 시절부터 1980년대에 이르기까지 음식 그릇이라고 하면 거의 원형이었다. 간혹 타원형도 있었지만, 다른 형태는 본 적이 없다.

하지만 지금은 정방형에서 장방형, 물결 형태, 생선 형태, 꽃 형태에 이르기까지 다양한 형태를 사용하고 개중에는 매우 독특한 모양도 있다. 오히려 송대와 명대에는 식기 종류가 다양했지만, 근대에 사회주의로 접어들면서 실용성을 중시한 탓에 형태가 단일화되었다. 중국의 식기 디자인이 다채로워진 것은 2000년 이후인데 아마도 다양한 일본 식기에 큰 자극을 받았을 것이다.

식습관과 예법에도 일련의 변화가 있었다. 예전에는 식사에 초대한 측은 손님이 다 먹지 못해 남길 만큼 음식을 주문하고, 또 음식이 많이 남을수록 체면이 선다고 생각했다. 하지만 지금은 먹을 수 있는 양만큼만 주문하고, 많이 주문하면 종업원이 오히려 공손하게 주문을 만류한다. 남은 음식은 포장해서 가져가는 것도 새로운 문화가 되었다.

계속 변해가는 중화요리

먼 친척 중 한 사람이 상해 중심가에서 음식점을 한다. 상해에 갈 때마다 들르는데, 그때마다 메뉴가 다르다. 일 년 전에 먹은 요리를 주문하려면 없을 때가 많다. 이유를 물으니 이전 요리사가 그만뒀기 때문이란다.

상해의 요리사는 이직이 많고, 특히 유명 셰프의 경우 스카우트 경쟁이 치열하다고 한다. 경영자로서 곤란하지 않냐고 물었더니, 요리사의 유동이 오히려 바람직하다는 의외의 답이 돌아왔다. 계속 같은 메뉴를 제공하면 손님이 질려서 멀리하므로 변화가 클수록 가게 평판이 좋아진다고 했다.

그러고 보니 홍콩도 다르지 않다. 필자는 한때 해마다 홍콩에 갔었는데 상호가 바뀌거나 주인이 바뀐 곳이 많았다. 요리사가 바뀐 탓인지 갈 때마다 메뉴가 달랐다. 얌차이 레스토랑도 예외가 아니었다.

물론 백 년의 전통 같은 '오랜 역사'를 자랑하는 음식점이 없는 것은 아니다. 그러나 성공한 사례는 매우 한정적이다. 북경오리로 유명한 '전취덕全聚德'이라는 음식점이 있다. 예전에는 예약하지 않으면 자리가 없을 만큼 번성했지만, 지금은 얼마 전까지만 해도 이런 날이 오리라 상상할 수 없었을 만큼 쇠락했다. 대신 신흥 음식점인 '대동고압점大董烤鴨店'이 인기다. 이 음식점은 북경오리의 지방을 제거하고 담백하게 요리해서 판다. 부드러운 육질과 바삭한 껍질의 풍미에 심혈을 기울여 예전에 없던 식감을 낸다. 또 내부 인테리어도 과감하게 현대풍으로 바꿨다. 이러한 노력 덕분에 지금은 연일 만원사례로 대성황을 이룬다.

'전취덕'이 옛 맛을 고수해서 오히려 손님의 발길이 끊겼다는 것은 매우 상징적인 변화를 보여준다. 시대의 변화에 따라가지 못하는 음식점은 조만간 소비자에게 외면당할 것이다. 가난한 시절에는 지방이 많은 요리가 최고의 요리였지만, 지금은 건강의 적이 되고 말았다.

시대에 맞는 대처를 하지 못하면 아무리 오랜 역사와 전통을 자랑해도 도태될 운명에 처할 수밖에 없다. 요리의 변화를 자세히 검증하면 반드시 그 나름의 이유가 있다. 변화는 일어날 만해서 일어난다.

에필로그

역사는 참으로 불가사의하다. 만일 명 왕조가 남경에서 북경으로 도읍을 옮기지 않았더라면, 혹은 만주족의 지배가 없었더라면 중화요리는 지금과 크게 달라졌을지도 모른다. 남방계를 대표한 명의 황제는 14세기에 장강 하류 지역의 식습관을 북방으로 가져와 남북의 식문화를 융합하는 데 힘썼다. 17세기에 청왕조가 세워지면서 만주족의 수많은 요리가 문화의 중심으로 자리했다. '만한전석滿漢全席'이라는 말로 상징되듯 중화요리의 가장 큰 특징은 그 잡종성에 있다.

중국은 지역과 지역 사이 편차가 너무 커서 '중화요리'란 항상 생활하는 지역의 요리만 의미한다. 출신지가 다르면 서로 문화 충격을 느낄 만큼 식생활이 다르다. 북과 남, 연안부와 내륙부는 주식도 부식도 각양각색이다. 같은 쌀이라도 외양이나 맛이 다르다. 두부조차 지방에 따라 다종다양하다. 근대 문학가 양실추梁實秋는 "남방의 가지와 북방의 가지는 크기도 수분도 달라 똑같이 조리하면 맛이 없다"라고 했다. 이 말은 가지에

국한하지 않는다. 채소는 재배지가 다르면 먹는 법도 다르다.

조리법뿐만 아니라 식습관이나 의례 음식도 지역에 따라 전혀 다르다. 게다가 역사 속에서 큰 변화를 겪어 왔다. 이를테면 장강 하류 지역에서 두부는 장례식 음식이므로 손님을 초대했을 때는 절대 내지 않는다. 하지만 다른 지방에서는 그런 풍습이 없다. 손님을 접대할 때나 연회에 두부를 내는 지방도 있다.

애초에 '전통요리'란 무엇인가부터 새롭게 접근해야 한다. 이것은 중요한 문제다. '전통'을 단지 역사의 길이로 계측할 수는 없기 때문에 이 말은 신중히 사용해야 한다. 가령 서양 문물이 들어오기 전인 청 말기의 요리가 계속 전통을 이어왔느냐 하면 그렇지는 않다. 오늘날 전통의 맛에 가까운 요리는 대륙의 요리가 아니라 오히려 홍콩이나 대만 쪽이다. 중화인민공화국의 성립은 중화요리에 헤아릴 수 없을 만큼 지대한 영향을 끼쳤다. 특히 고급 요리 영역에서는 그 변화가 격심하다.

1949년 이후에는 아무도 진미를 맛볼 수 없게 되었다. 설령 부자여도 말이다. 특히 1960년대 이후 제비집, 곰 발바닥, 상어 지느러미 같은 진미는 민간의 식탁과 음식점 메뉴에서도 자취를 감췄다. 중화요리의 주요 조리법이 바뀐 것은 아니지만, 식자재의 범위가 엄청나게 좁아졌다. 대륙에서 제비집과 상어 지느러미가 식탁으로 되돌아온 것은 경제개방 이후다. 만일 1949년에 홍콩과 대만이 중화인민공화국 세력으로 들어갔더라면 고급 요리는 근거지 자체를 잃었을 것이다. 따라서 경제 개방 이후 대륙에 홍콩 요리가 들어올 일도 없었을 것이다. 공산당과 민국당의 정쟁政爭은 얄궂게도 요리 분포에도 영향을 끼쳤다.

앞으로 중화요리는 어디로 갈 것인가? 정국政局보다 더 예측하기 어렵다. 단, 패스트푸드와 외국 음식이 계속 진출하는 상황에서 중화요리가 더욱 변화무쌍하게 달라지리란 건 틀림없는 사실이다.

후기

중국인은 언제부터 상어지느러미를 먹기 시작했을까? 진의 시황제는 면을 먹은 적이 있을까? 피단은 언제부터 식탁에 올랐고, 당 현종이 먹던 음식 중에 춘권은 있었을까? 아마 중국인이라도 평소에 이런 생각을 한 적은 없을 것이다. 설령 궁금했더라도 이런 질문에 답할 사람은 찾기 어렵다. 중국 식문화 연구가조차 모를 때가 많다. 필자는 전부터 이러한 문제에 관심을 가졌는데, 이번에 사료를 조사하면서 의외의 사실이 속속 나오는 바람에 적잖이 놀랐다.

'중화요리 문화사'(이 책의 원제)라고 이름 붙인 이 책에는 각 장에 다시 시대를 나타내는 부제가 붙어 있다. 그렇다고 요리사料理史의 세세한 부분까지 전부 망라한 것은 아니다. 지면 제한도 있고, 반드시 역대의 식생활을 평면적으로 서술해야 한다고도 생각하지 않았다. 오히려 식문화에 큰 변화가 일어난 시대에 주목하여 그 배경에 어떤 일이 있었는지 밝히는 것이 목적이었다. 그런 의미에서 이 책은 문화사이지 단순한 요리사는 아니다.

하지만 요리사에 관한 서술을 소홀히 하지는 않았다. 요리사가 아닌 요리 그 자체에 흥미가 있는 분들도 알기 쉽게 읽을 수 있도록 심혈을 기울였다. 또 각 장은 어느 정도 독립되어 있으므로 서두부터 순서에 따라 읽을 필요는 없다. 흥미 있는 장부터 읽어나가도 좋도록 구성했다.

이 책에서 '중국요리'가 아닌 '중화요리'란 말을 사용한 이유는 요리 자체가 이미 국경을 넘어섰기 때문이다. 사실 일본의 중화요리도 미국의 중화요리도 이미 '중국요리'라고 말할 수 없을지 모른다.

4장 제1절은 1996년 3월 『신초45』에 다른 제목으로 게재했었다. 이 책에 재록再錄하는 데 신초사가 흔쾌하게 승낙해주었다. 또 재록 때 내용 일부를 수정했으나 이외의 장은 전부 이번에 새로 썼다.

지쿠마쇼보의 이자키 마사토시 씨로부터 의뢰를 받았던 것이 3년 전이다. 필자의 사정으로 출간이 차일피일 연기되었음에도 묵묵히 기다려주셨다. 초고를 완성한 후 장마다 각주를 넣고 초교와 재교 때도 꼼꼼히 읽어주셔서 귀중한 가르침을 받았다. 이 자리를 빌려 진심으로 감사의 말씀을 올린다.

장징

식탁 위의 중국사

한 상 가득 펼쳐진 오천 년 미식의 역사

1판 1쇄 발행 2021년 2월 5일
1판 2쇄 발행 2022년 8월 10일

발행인 박명곤 **CEO** 박지성 **CFO** 김영은
기획편집 채대광, 김준원, 박일귀, 이승미, 이은빈, 이지은
디자인 구경표, 한승주
마케팅 임우열, 유진선, 이호, 최고은
펴낸곳 (주)현대지성
출판등록 제406-2014-000124호
전화 070-7791-2136 **팩스** 0303-3444-2136
주소 서울시 강서구 마곡중앙6로 40, 장흥빌딩 10층
홈페이지 www.hdjisung.com **이메일** main@hdjisung.com
제작처 영신사

"Inspiring Contents"

현대지성은 여러분의 의견 하나하나를 소중히 받고 있습니다.
원고 투고, 오탈자 제보, 제휴 제안은 main@hdjisung.com으로 보내 주세요.

현대지성 홈페이지